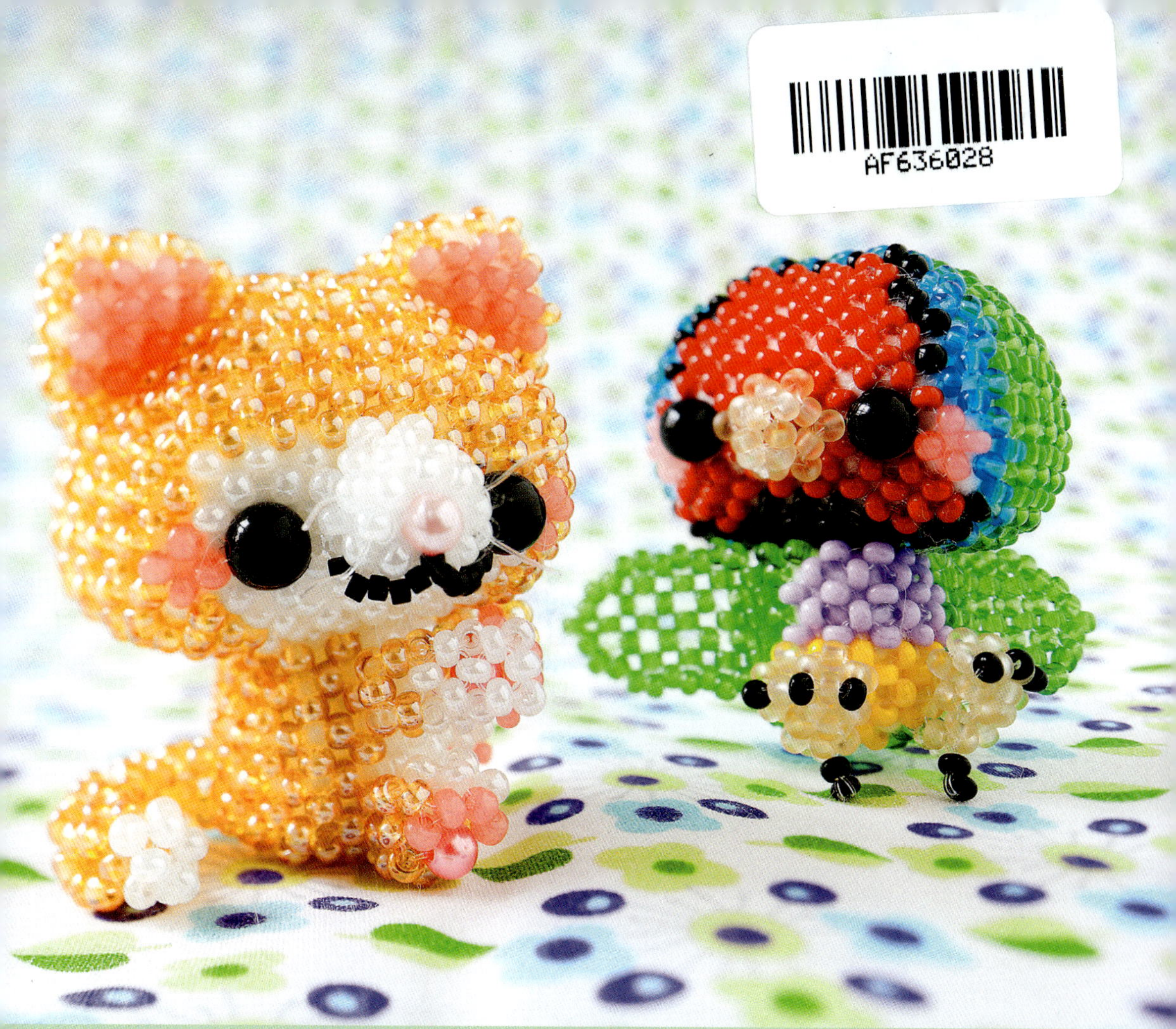

In diese supersüßen Perlentiere mit ihren großen Köpfen, Knopfaugen und den vielen niedlichen Details habe ich mich sofort verliebt, als ich sie das erste Mal sah. Leider gab es damals in Deutschland so gut wie keine Anleitungen, sodass ich schon bald selbst kreativ werden musste, sollten weitere Tierchen das Licht der Perlenwelt erblicken. Herausgekommen ist dabei unter anderem dieses Buch! Da die Figuren fast alle dieselbe Grundform haben, an die dann unterschiedliche Nasen, Schwänze, Öhrchen, Flügel und Accessoires angefädelt werden, fällt das Nacharbeiten leicht. So wird sicher schnell ein kleiner Perlen-Sweetie-Zoo Ihre Wohnung bevölkern. Aber keine Sorge, die Sweeties sind sehr pflegeleicht und darüber hinaus auch wunderbar als Geschenk geeignet.

Ich wünsche Ihnen viel Freude mit diesem Buch und den süßen Perlentieren!

Ihre Nicole Nitzsche

# Kleiner Fuchs

## mit schlauem Köpfchen

**MOTIVHÖHE**
ca. 4 cm

**MATERIAL**

- Rocailles in Orange transparent, ø 2,6 mm
- Rocailles in Weiß perlmutt, ø 2,6 mm
- Rocailles in Schwarz opak matt, ø 2,6 mm
- Rocailles in Rosa perlmutt, ø 2,6 mm
- 4 Wachsperlen in Schwarz opak, ø 4 mm
- 2 Wachsperlen in Schwarz opak, ø 6 mm
- Wachsperle in Braun, ø 4 mm
- Nylonfaden, ø 0,25 mm, ca. 280 cm (Kopf), 160 cm (Körper), 60 cm (Schwanz), 40 cm (Ohren) und 4 x 30 cm (Vorder- und Hinterbeine) lang
- Watte zum Füllen

**FÄDELSKIZZEN**
Skizzenheft Seite 7/8

**1** Den Kopf des Fuchses anhand der Skizze bis Kreis 199 fädeln.

**2** Fädeln Sie die Kopfunterseite an die Perlen a–t des Kopfes. Arbeiten Sie bis Kreis 16, füllen Sie den Kopf fest mit Watte und beenden Sie dann die Unterseite.

**3** Fädeln Sie die Schnauze direkt an den Kopf an die Perlen a–j (rot). In Kreis 14 die Wachsperle für die Nase einarbeiten. Bevor Sie die Schnauze schließen, füllen Sie sie mit etwas Watte.

**4** Fädeln Sie die Ohren an den Kopf. Das linke Ohr zwischen den Kreisen 10 und 69 des Kopfes anbringen, das rechte zwischen den Kreisen 6 und 57. Ziehen Sie nach Kreis 26 auf jedes Fadenende eine weitere Perle auf, führen Sie den roten Faden nochmals durch die äußere Perle von Kreis 23 und beenden Sie das Ohr.

**5** Der Körper wird an den Perlen a–l (lila) des Kopfes angebracht. Fädeln Sie ihn anhand der Fädelskizze bis Schritt 68. Dann den Körper mit Watte füllen und fertigstellen.

**6** Anhand der Fädelskizzen zwei Vorderbeine fädeln und dann mit den Fadenenden rechts und links am Körper anbringen, wie auf dem Foto zu sehen und in der Grundanleitung beschrieben.

**7** Anhand der Fädelskizzen zwei Hinterbeine fädeln und mit den Fadenenden rechts und links am Körper anbringen.

**8** Fädeln Sie den Schwanz anhand der Fädelskizze an Kreis 51 des Körpers an. Vor dem Verschließen mit etwas Watte füllen. Dann den Schwanz beenden.

Vorderbeine

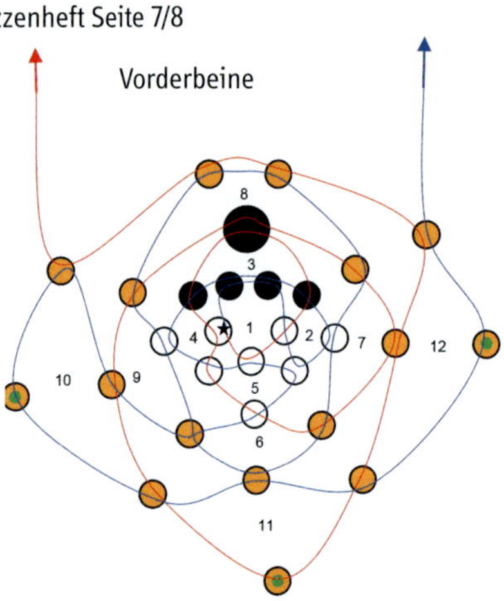


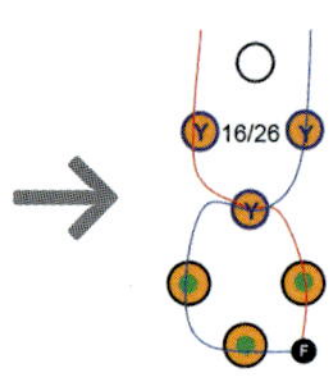


Anbringung an den Körper

Hinterbeine

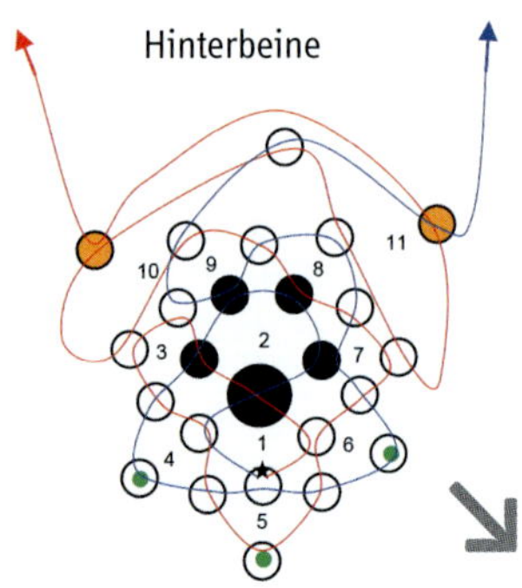


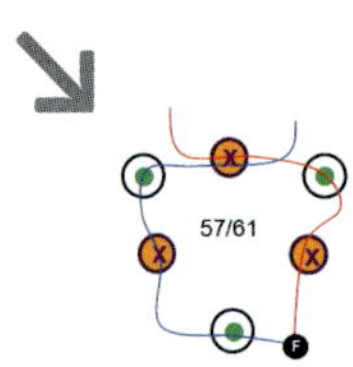


Anbringung an den Körper

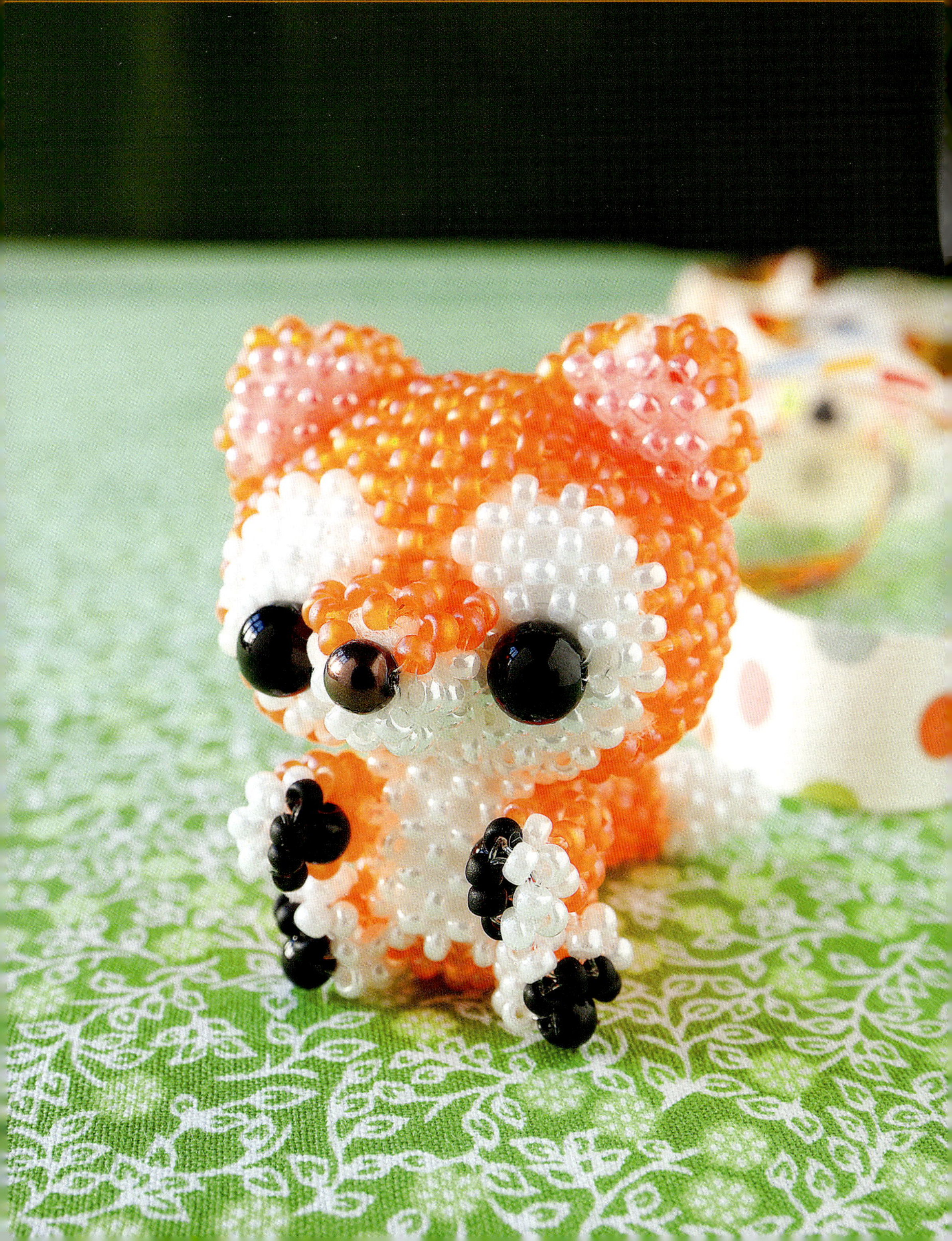

# Weise Eule

## Glücksbringer für Prüfungen aller Art

**MOTIVHÖHE**
ca. 4,5 cm

**MATERIAL**
- Rocailles in Rehbraun transparent, ø 2,6 mm
- Rocailles in Grau opak, ø 2,6 mm
- Rocailles in Schwarz opak matt, ø 2,6 mm
- Rocailles in Beige perlmutt, ø 2,6 mm
- 2 Wachsperlen in Schwarz opak, ø 6 mm
- Nylonfaden, ø 0,25 mm, ca. 280 cm (Kopf), 160 cm (Körper), 3 x 50 cm (Schwanz und Flügel), 2 x 30 cm (Füße) und 2 x 20 cm (Krallen) lang
- Messingdraht, ø 0,25 mm, 2 x 40 cm lang (Schwungfedern)
- Watte zum Füllen

**FÄDELSKIZZEN**
Skizzenheft Seite 6/7

**1** Den Kopf der Eule anhand der Fädelskizze bis Schritt 199 fädeln.

**2** Fädeln Sie die Kopfunterseite an die Perlen a–t des Kopfes. Arbeiten Sie bis Kreis 16 und füllen Sie den Kopf fest mit Watte. Dann die Unterseite beenden.

**3** Die Federn über den Augen als Perlenstäbe (siehe auch TOPP-Tipps) an den Kreisen 38 und 42 des Kopfes beginnen und nach Skizze fädeln.

**4** Fädeln Sie anhand der entsprechenden Fädelskizze den Schnabel direkt an die Perlen a–j (rot) des Kopfes.

**5** Dann fädeln Sie den Körper an die Punkte a–l (hier weiß) des Kopfes. Arbeiten Sie den Körper anhand der Skizze bis Schritt 68. Füllen Sie ihn dann fest mit Watte und stellen Sie ihn fertig.

**6** Fädeln Sie zwei Flügel jeweils bis Kreis 15. Danach zusätzlich je 8 weitere Perlen rundherum als Saum einarbeiten, wie auf der Fädelskizze zu sehen. Die Schwungfedern werden als Perlenstäbe mit Messingdraht gefädelt. Bringen Sie die Flügel zum Schluss noch an den mit Y gekennzeichneten Perlen des Körpers an, wie auf der Skizze gezeigt.

**7** Arbeiten Sie mithilfe der Skizze zwei Füße und zwei Krallen. Bringen Sie die Füße mit den Fadenenden am Körper an, danach fädeln Sie die Krallen an die Füße. Die Startperle für die Krallen ist die linke Perle von Kreis 1 der Füße.

**8** Zum Schluss noch den Schwanz nach Skizze direkt an die Perlen Z des Körpers fädeln. Fertig!

Flügel mit Schwungfedern und Anbringung

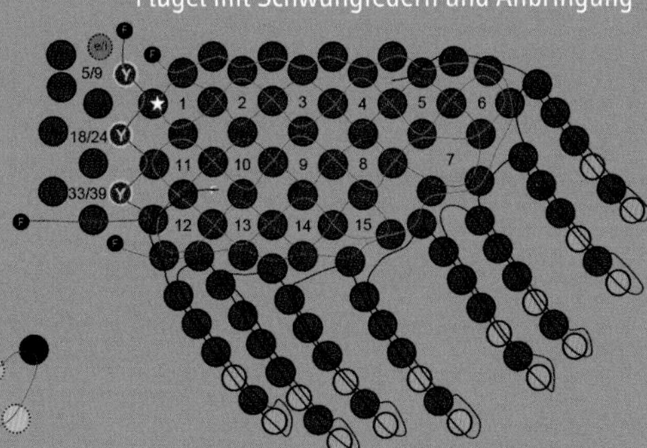


Fuß

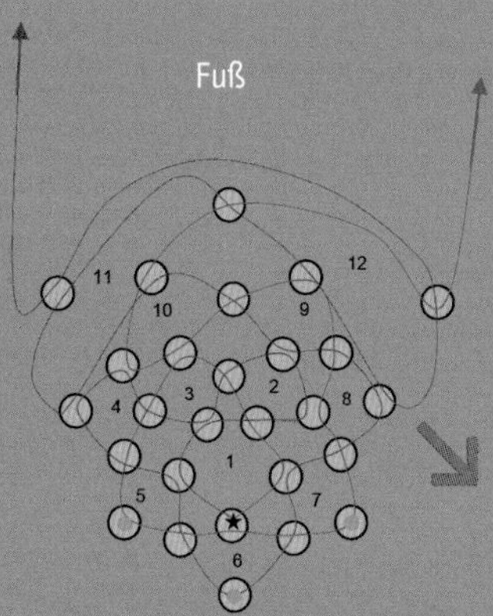


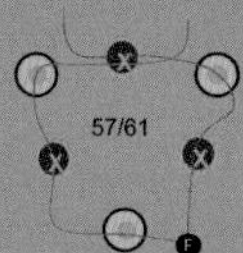


Anbringung am Fuß

Krallen

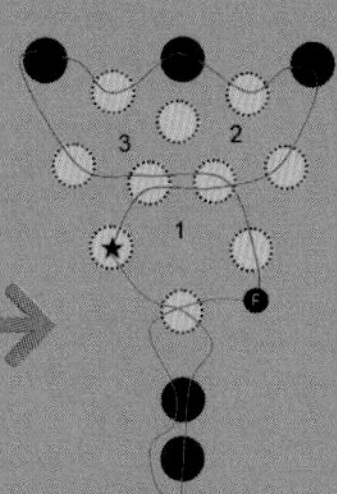

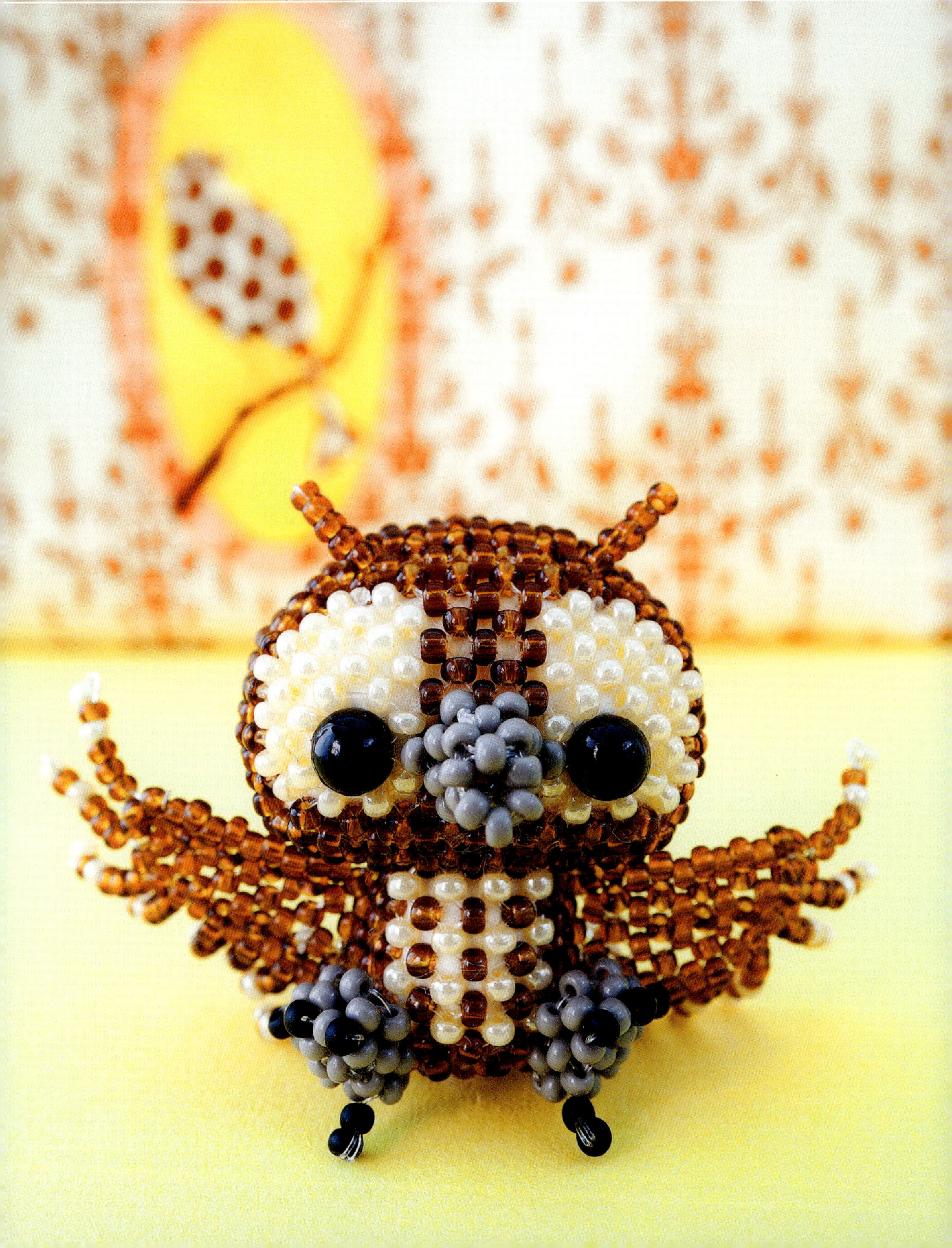

# Süße Mieze

## Achtung, Schnurralarm!

**MOTIVHÖHE**
ca. 4 cm

**MATERIAL**
- Rocailles in Apricot transparent, ø 2,6 mm
- Rocailles in Rosa alabaster, ø 2,6 mm
- Rocailles in Weiß perlmutt, ø 2,6 mm
- 11 Delica Beads in Schwarz matt, ø 2 mm
- 5 Wachsperlen in Rosa, ø 4 mm
- 2 Wachsperlen in Schwarz opak, ø 6 mm
- Nylonfaden, ø 0,25 mm, ca. 280 cm (Kopf), 160 cm (Körper), 60 cm (Schwanz), 4 x 30 cm (Vorder- und Hinterbeine), und 2 x 40 cm (Ohren) lang
- Watte zum Füllen

**FÄDELSKIZZEN**
Skizzenheft Seite 9/10

**1** Fädeln Sie den Kopf der Mieze anhand der Skizze bis Kreis 199.

**2** Schließen Sie dann den Kopf mit der Kopfunterseite. Fädeln Sie diese anhand der Skizze zunächst bis Kreis 16, füllen Sie dann den Kopf fest mit Watte und beenden Sie ihn.

**3** Fädeln Sie die Schnauze nach der entsprechenden Fädelskizze direkt an die Perlen a–l (rot) des Kopfes. Bevor Sie die Schnauze mit der Nase verschließen, füllen Sie sie mit etwas Watte. Dann noch das Mäulchen fädeln, wie auf der Fädelskizze zu sehen. Das Mäulchen liegt eng an der Schnauze an, es ist jedoch – außer an den Enden und in der Mitte – nicht mit der Schnauze verbunden. Zum Schluss bringen Sie noch die Schnurrhaare an, indem Sie rechts und links von der Nase durch die jeweils mittige Perle (y) ein Stück Nylonfaden ziehen. Führen Sie ein Fadenende erneut durch die Perle, sodass sich um diese herum eine Schlaufe bildet (siehe Skizze). Festziehen und die Schnurrhaare auf die gewünschte Länge kürzen.

**4** Arbeiten Sie zwei Ohren nach der entsprechenden Skizze. Fädeln Sie sie dabei direkt an die Kreise 6 und 57 (rechtes Ohr) bzw. 10 und 69 (linkes Ohr) des Kopfes.

**5** Fädeln Sie den Körper anhand der Skizze direkt an die Perlen a–l (lila) des Kopfes. Arbeiten Sie bis Schritt 68, füllen Sie den Körper fest mit Watte und beenden Sie ihn.

**6** Die Vorder- und Hinterbeine je zwei Mal anhand der Skizze arbeiten. Die Beine mit den Fadenenden rechts und links am Körper anbringen, davon je ein Mal seitenverkehrt.

**7** Der Schwanz beginnt an Perle 53 des Körpers und wird direkt an diesen angefädelt. Arbeiten Sie den Schwanz anhand der Skizze. Zum Schluss führen Sie den Faden noch einmal seitlich durch die äußeren Perlen zurück, um ihn festzuziehen und zu stabilisieren (siehe Detailskizze). Miau, Sie haben es geschafft!

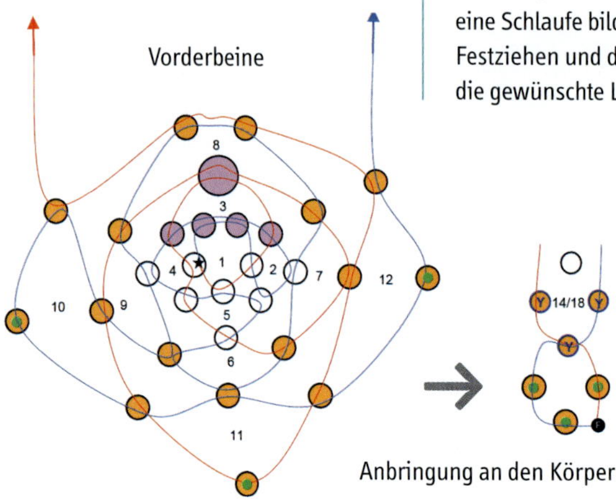


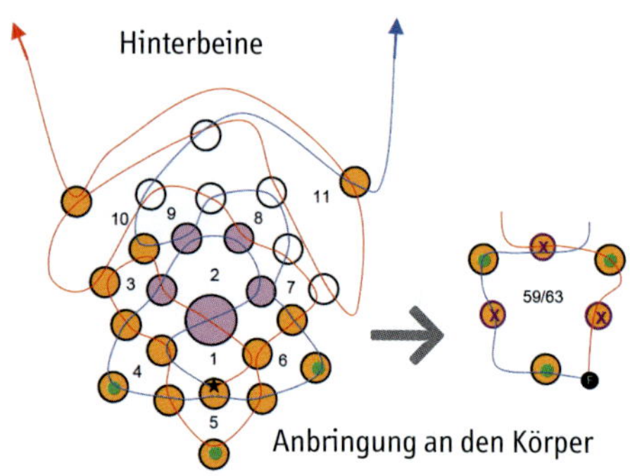

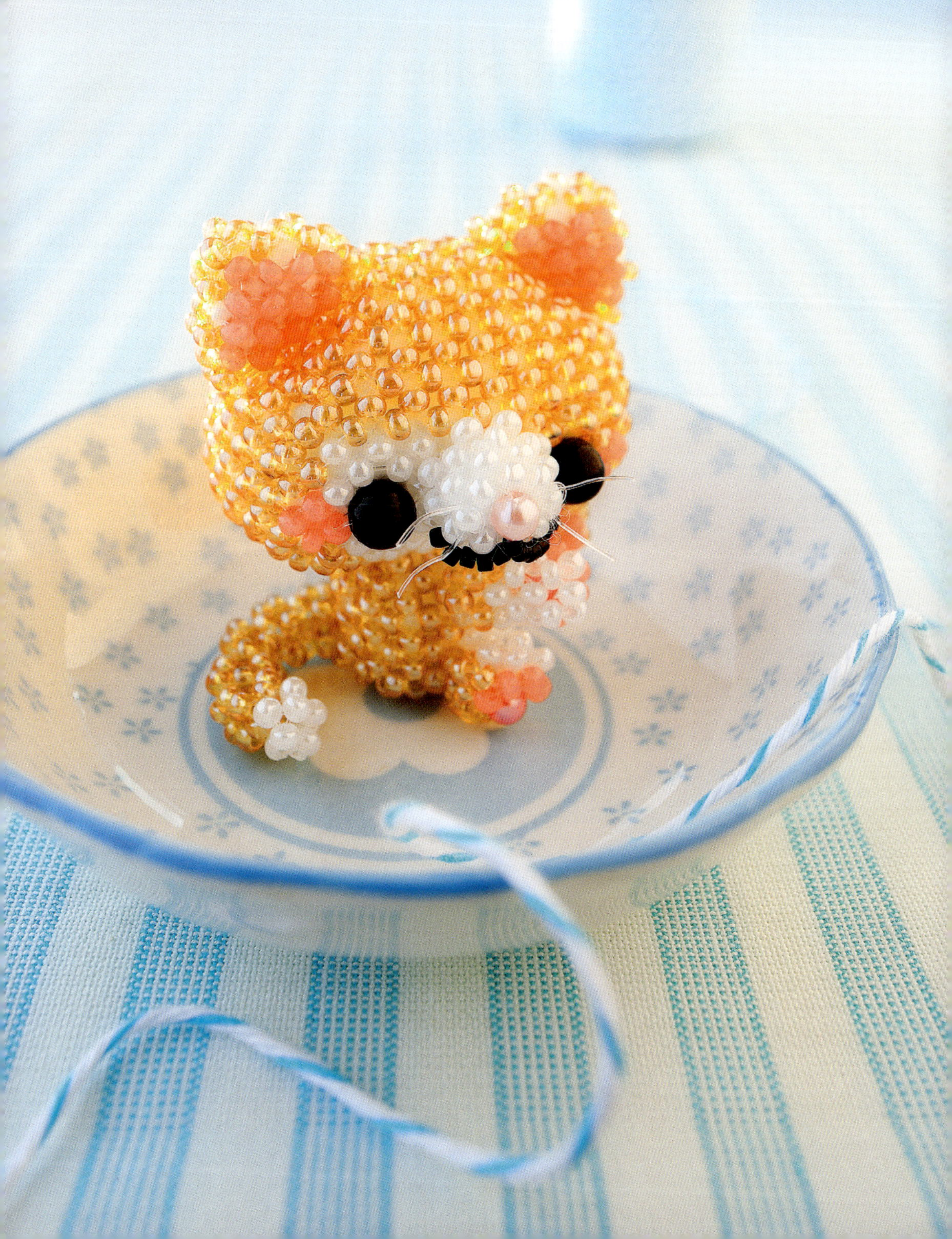

# Schwarzer Rabe

## kluges Köpfchen

**MOTIVHÖHE**
ca. 4,5 cm

**MATERIAL**
- Rocailles in Schwarz opak, ø 2,6 mm
- Rocailles in Grau satt, ø 2,6 mm
- Rocailles in Grau transparent matt, ø 2,6 mm
- 2 Wachsperlen in Schwarz opak, ø 6 mm
- Nylonfaden, ø 0,25 mm, ca. 280 cm (Kopf), 160 cm (Körper), 3 x 50 cm (Schwanz, Flügel), 2 x 30 cm (Flügel) und 2 x 20 cm (Krallen) lang
- Messingdraht, ø 0,25 mm, 2 x 40 cm lang (Schwungfedern)
- Watte zum Füllen

**FÄDELSKIZZEN**
Skizzenheft Seite 16/17

**1** Beginnen Sie mit dem Kopf, den Sie bis Kreis 199 anhand der Skizze fädeln.

**2** Fädeln Sie die Kopfunterseite an die Perlen a–t des Kopfes. Arbeiten Sie bis Kreis 16 und füllen Sie dann den Kopf fest mit Watte. Die Unterseite beenden.

**3** Fädeln Sie mithilfe der Orientierungsskizze und der entsprechenden Fädelskizze den Schnabel direkt an die Perlen a–j (rot) des Kopfes.

**4** Arbeiten Sie die Kopffedern gemäß der Fädelskizze. Sie werden direkt an die Perlen 21 und 3 des Kopfes angefädelt.

**5** Beginnen Sie den Körper an den Perlen a–l (hier weiß) des Kopfes. Fädeln Sie ihn anhand der Skizze bis Schritt 68. Füllen Sie den Körper fest mit Watte und stellen Sie die Unterseite fertig.

**6** Fädeln Sie nun zwei Flügel jeweils bis Kreis 15. Danach zusätzlich je 8 weitere Perlen rundherum als Saum einarbeiten, wie auf der Fädelskizze zu sehen. Die Schwungfedern werden als Perlenstäbe mit Messingdraht gefädelt. Bringen Sie dann die Flügel an den mit Y gekennzeichneten Perlen des Körpers an, wie auf der Skizze markiert.

**7** Fädeln Sie die Füße und Krallen je zwei Mal anhand der Skizze. Bringen Sie die Füße mit den Fadenenden am Körper an und befestigen Sie danach die schwarzen Krallen an den Füßen, wobei Sie an der linken Perle von Fuß-Kreis 1 beginnen.

**8** Zum Schluss den Schwanz direkt an die mit Z gekennzeichneten Perlen des Körpers anfädeln.

Fuß

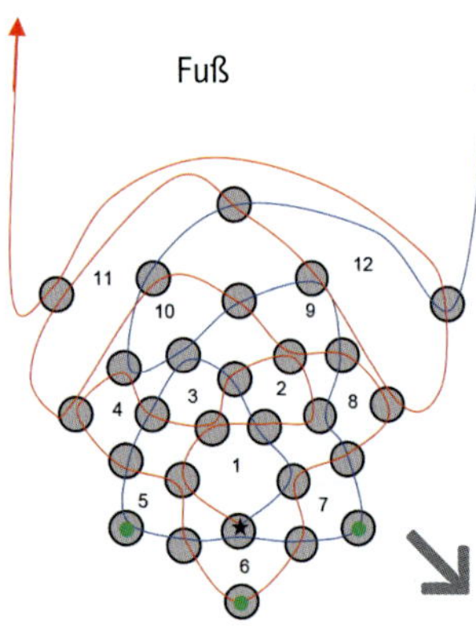


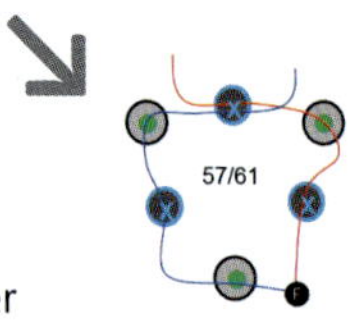


Anbringung an den Körper

Krallen

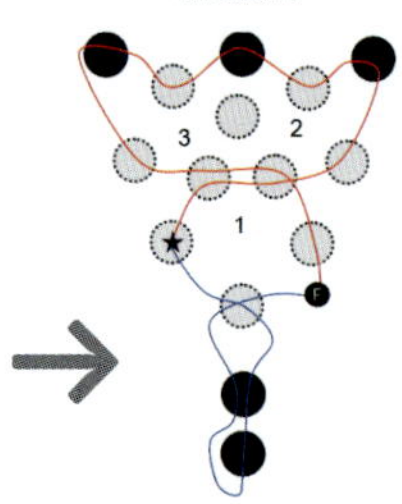


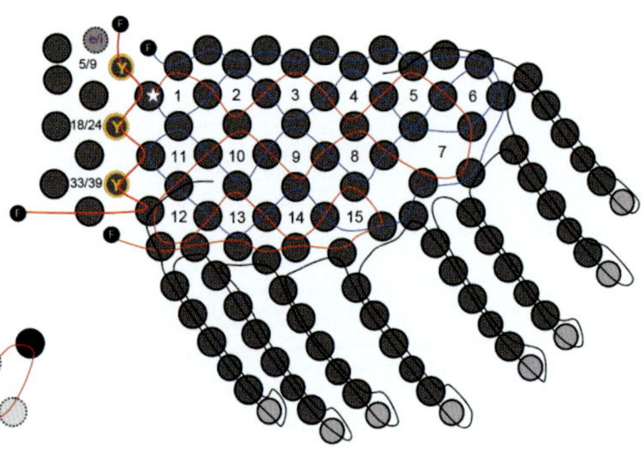


Flügel mit Schwungfedern und Anbringung

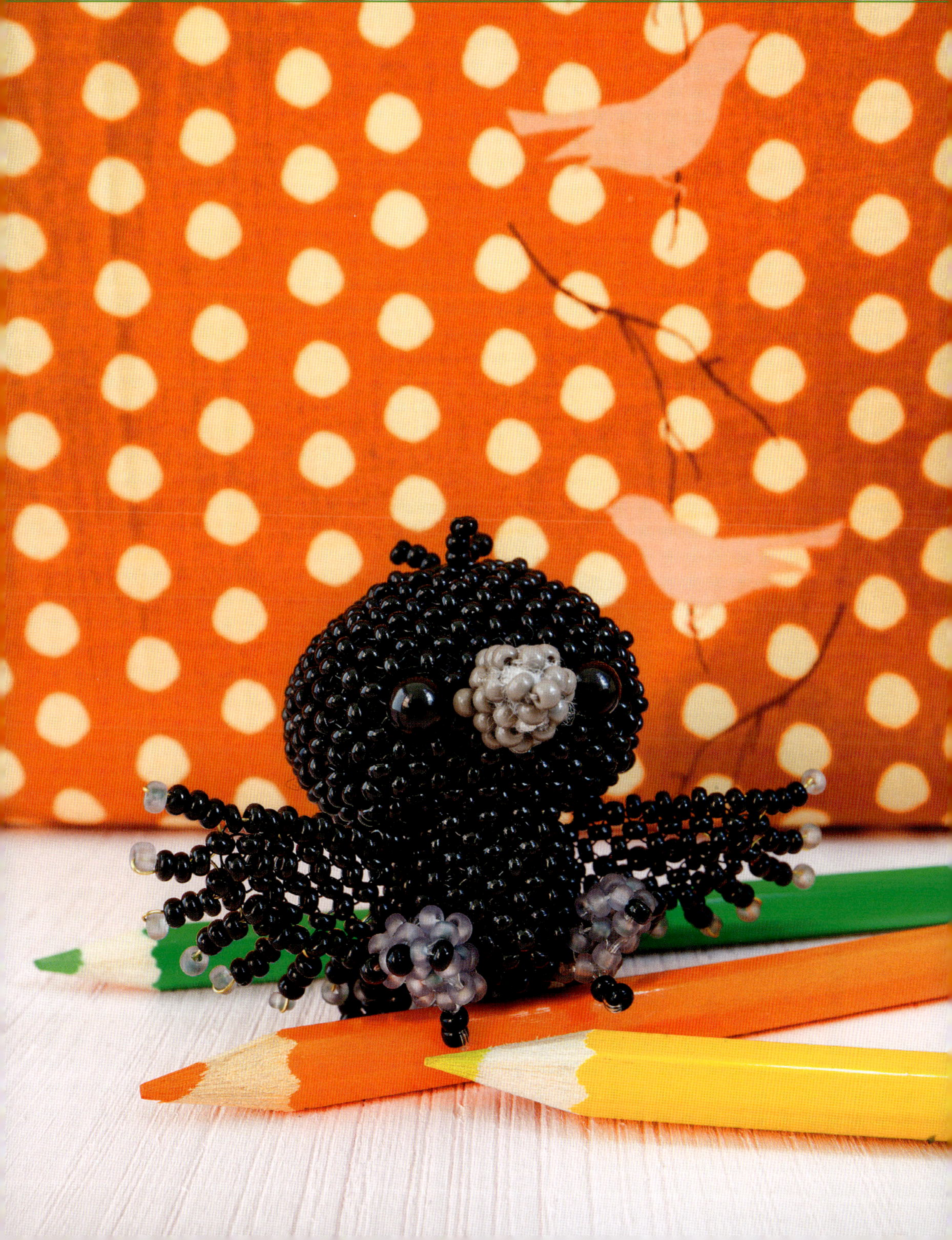

# Knuffiges Nashorn

## ein bisschen Afrika

**MOTIVHÖHE**
ca. 4 cm

**MATERIAL**
- Rocailles in Grau meliert, ø 2,6 mm
- Rocailles in Rosa alabaster, ø 2,6 mm
- Rocailles in Grau transparent matt, ø 2,6 mm
- 2 Delica Beads in Schwarz matt, ø 2 mm
- 2 Wachsperlen in Schwarz opak, ø 6 mm
- Nylonfaden, ø 0,25 mm, ca. 280 cm (Kopf), 160 cm (Körper), 100 cm (Nase), 2 x 50 cm (Vorderbeine) und 4 x 30 cm (Hinterbeine, Ohren) lang
- Messingdraht, ca. 20 cm lang (Schwanz)
- Watte zum Füllen

**FÄDELSKIZZEN**
Skizzenheft Seite 19/20

**1** Fädeln Sie den Kopf des Nashorns bis Schritt 199.

**2** Um den Kopf zu schließen, folgen Sie der Skizze für die Kopfunterseite bis Kreis 16. Füllen Sie den Kopf fest mit Watte und beenden Sie ihn.

**3** Fädeln Sie zwei Ohren anhand der Ohrskizzen. Die Ohren dann an Perle 35 bzw. 45 des Kopfes anbringen, wie auf der Skizze zu sehen.

**4** Fädeln Sie die Nase direkt an die Punkte a–j (rot) des Kopfes. Stopfen Sie die Nase mit ein wenig Watte aus, bevor Sie sie schließen. Dann anhand der Skizze auf beiden Seiten der Nase je ein Nasenloch anbringen. Anschließend das kleine Horn (Kreis 10, gelb markierte Perlen) und das große Horn (Kreis 24, grün markierte Perlen) anfädeln. Beim großen Horn ist dabei ein kleiner Hohlraum entstanden, den Sie mit einer Perle füllen sollten. Fädeln Sie dafür die Fadenenden zurück und ziehen Sie eine Perle in Grau transparent in den Hohlraum. Dann den Faden weiter nach unten ziehen, verknoten und verschweißen (Skizze Vorderansicht großes Horn).

**5** Die Startpunkte für den Körper sind die Kopfperlen a–l (lila). Fädeln Sie den Körper anhand der Körperskizze bis Kreis 68, füllen Sie ihn fest mit Watte und beenden Sie ihn.

**6** Die Vorder- und Hinterbeine je zwei Mal anhand der Skizze fädeln und mit den Fadenenden jeweils an einer Körperseite anbringen, davon immer ein Mal seitenverkehrt.

**7** Fädeln Sie den Schwanz mit Messingdraht als Perlenstab (siehe auch TOPP-Tipps), wie in der Skizze gezeigt, und bringen Sie ihn an Kreis 53 des Körpers an.

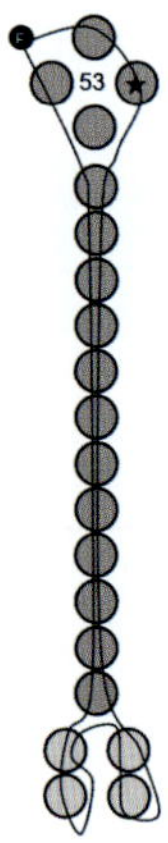

Schwanz

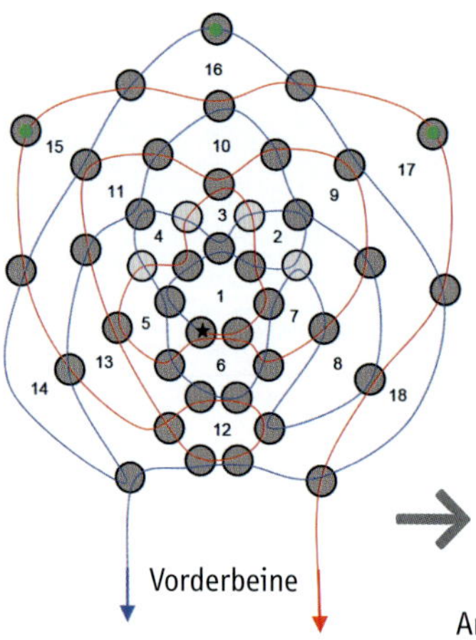
Vorderbeine

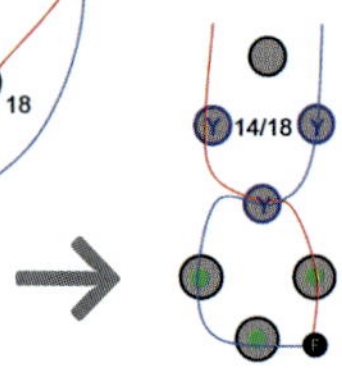

Anbringung an den Körper

Hinterbeine
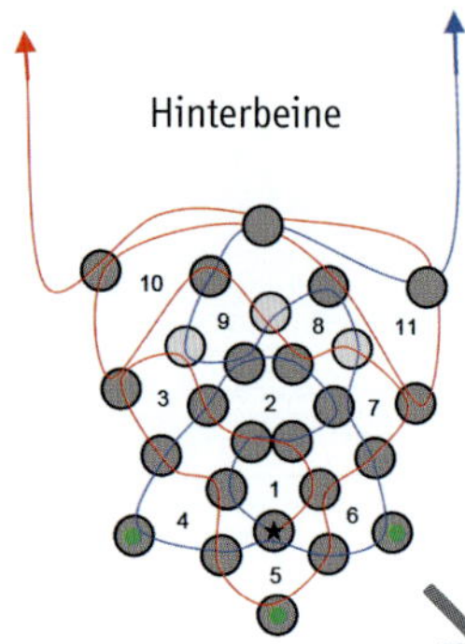

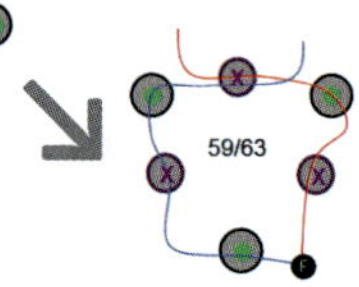

Anbringung an den Körper

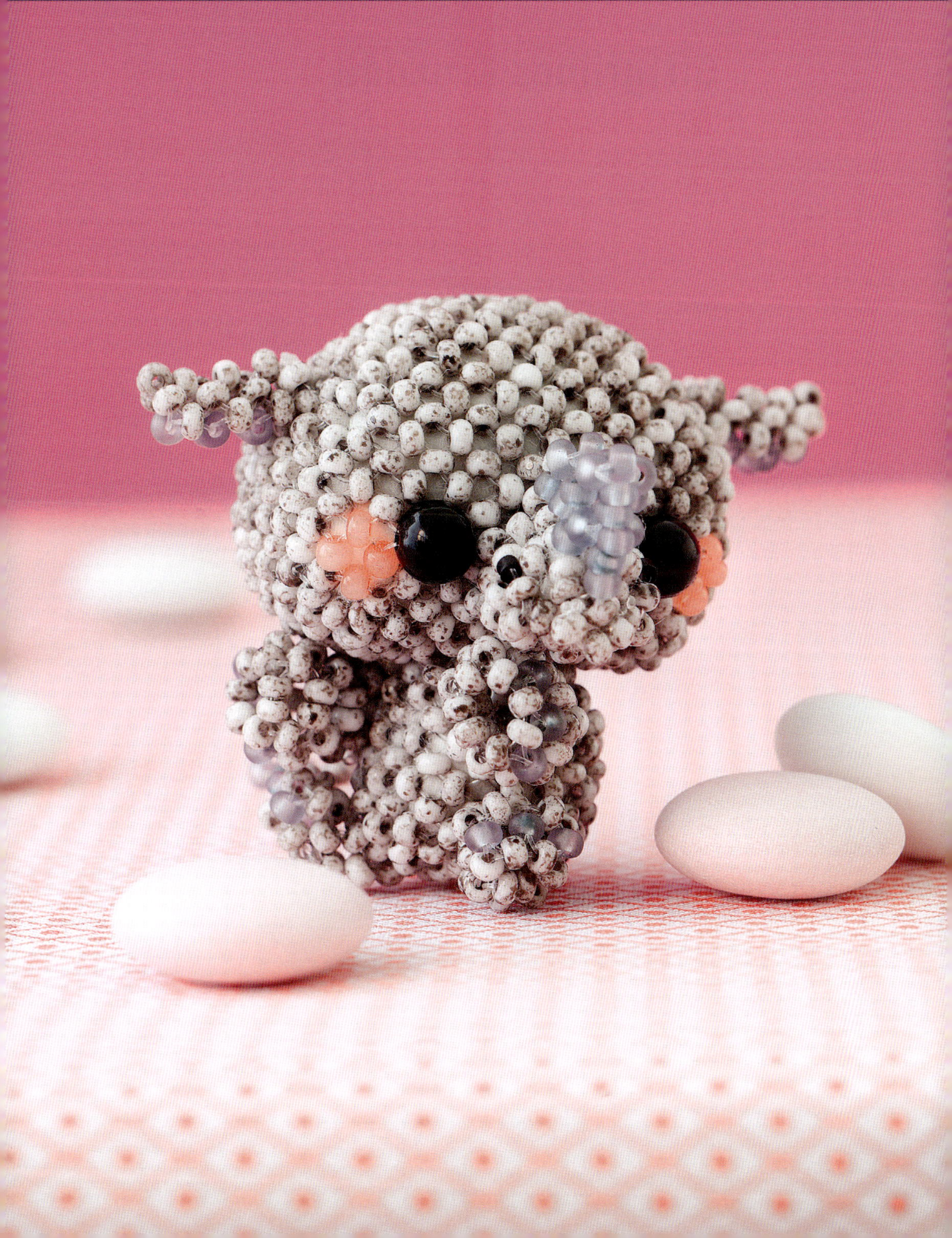

# Giftgrünes Krokodil

## gefährlich niedlich

**MOTIVHÖHE**
ca. 4,8 cm

**MATERIAL**
- Rocailles in Grün transparent, ø 2,6 mm
- Rocailles in Grün alabaster, ø 2,6 mm
- Rocailles in Tannengrün matt transparent, ø 2,6 mm
- Rocailles in Schwarz matt, ø 2,6 mm
- Rocailles in Weiß alabaster, ø 2,6 mm
- 2 Wachsperlen in Schwarz opak, ø 6 mm
- Nylonfaden, ø 0,25 mm, ca. 280 cm (Kopf), 160 cm (Körper), 100 cm (Schwanz), 2 x 70 cm (Rückenschuppen), 2 x 40 cm (Schwanzschuppen) und 4 x 30 cm (Vorder- und Hinterbeine) lang
- Watte zum Füllen

**FÄDELSKIZZEN**
Skizzenheft Seite 12/13

**1** Fädeln Sie den Kopf des Krokodils anhand der Skizze bis Kreis 199.

**2** Schließen Sie den Kopf, indem Sie die Kopfunterseite an die Perlen a–t anfädeln. Arbeiten Sie zunächst bis Kreis 16, füllen Sie dann den Kopf fest mit Watte und beenden Sie die Unterseite.

**3** Der Oberkiefer wird direkt an die Punkte a–j (rot) des Kopfes gefädelt. In Kreis 26 und 30 werden mit zwei schwarzen Perlen die Nasenlöcher eingearbeitet. Bevor Sie den Oberkiefer verschließen, füllen Sie ihn mit Watte aus. Nun bringen Sie noch die Zähne an, wie auf der Skizze zu sehen.

**4** Den Unterkiefer inklusive Zähne fädeln Sie nun direkt an die Punkte a–e (orange) des Kopfes an, die Sie ebenfalls auf der Orientierungsskizze finden.

**5** Die beiden Schuppenstränge in Dunkelgrün, auf der Rückseite des Kopfes, bringen Sie nacheinander an den auf der entsprechenden Fädelskizze angegebenen Kreisen an. Kreis 1 des linken Strangs beginnt bei Kreis 23 des Kopfes und endet bei Kreis 181, Kreis 1 des rechten Strangs beginnt bei KopfKreis 19 und endet bei Kreis 185.

**6** Nun den Körper an die Perlen a–l (lila) des Kopfes anfädeln. Nach Kreis 68 den Körper fest mit Watte füllen, dann den Körper beenden.

**7** Die Vorder- und Hinterbeine anhand der entsprechenden Skizzen je zwei Mal fädeln. Fügen Sie bei den Vorderbeinen an Kreis 3 noch mit schwarzen Perlen die Krallen an, bei den Hinterbeinen werden die Krallen an die Kreise 2 und 3 gefädelt. Mit den Fadenenden die Beine jeweils auf einer Körperseite befestigen.

**8** Fädeln Sie den Schwanz anhand der Skizze direkt an den Körper, beginnend bei Kreis 37. Bevor Sie den Schwanz verschließen, füllen Sie ihn mit etwas Watte.

**9** Zum Schluss erhält auch der Schwanz zwei Reihen dunkelgrüne Schuppen. Anders als beim Kopf liegen sie hier jedoch direkt nebeneinander, wie auf der Skizze unten zu sehen. Beginnen Sie an den Kreisen 1 bzw. 7 und arbeiten Sie hier am besten von innen nach außen.

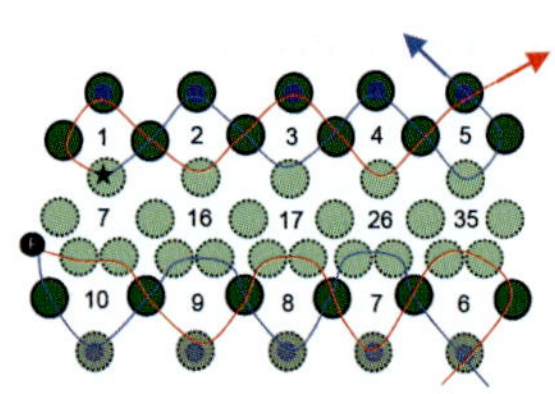


Schuppen am Schwanz

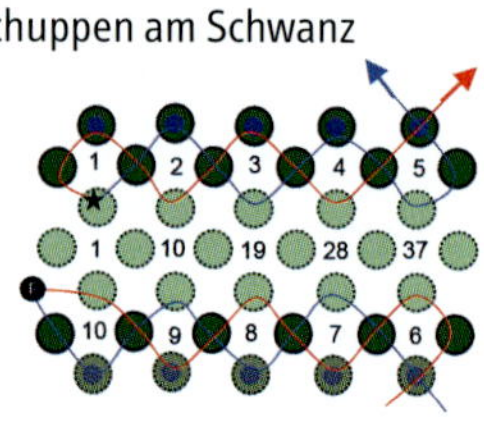

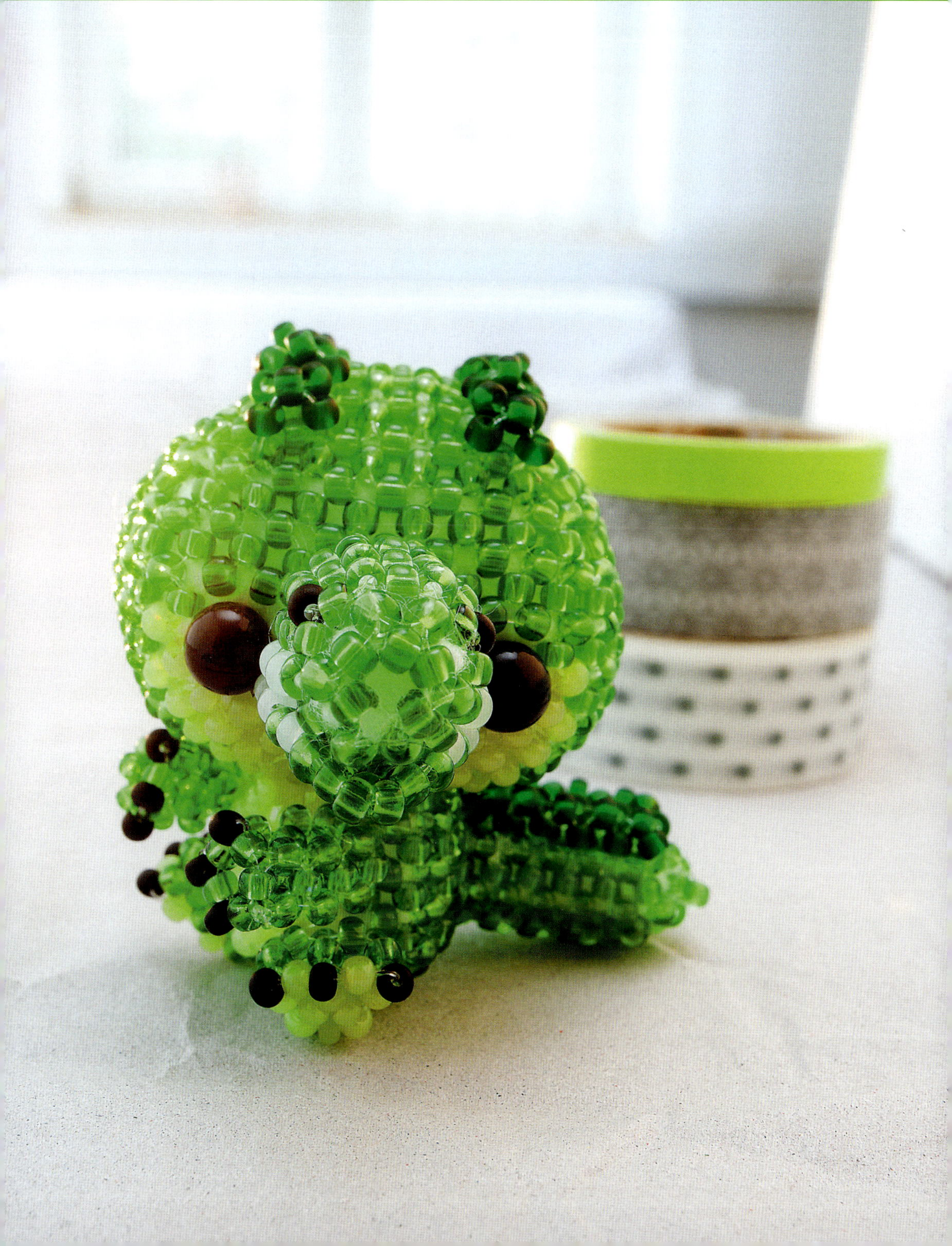

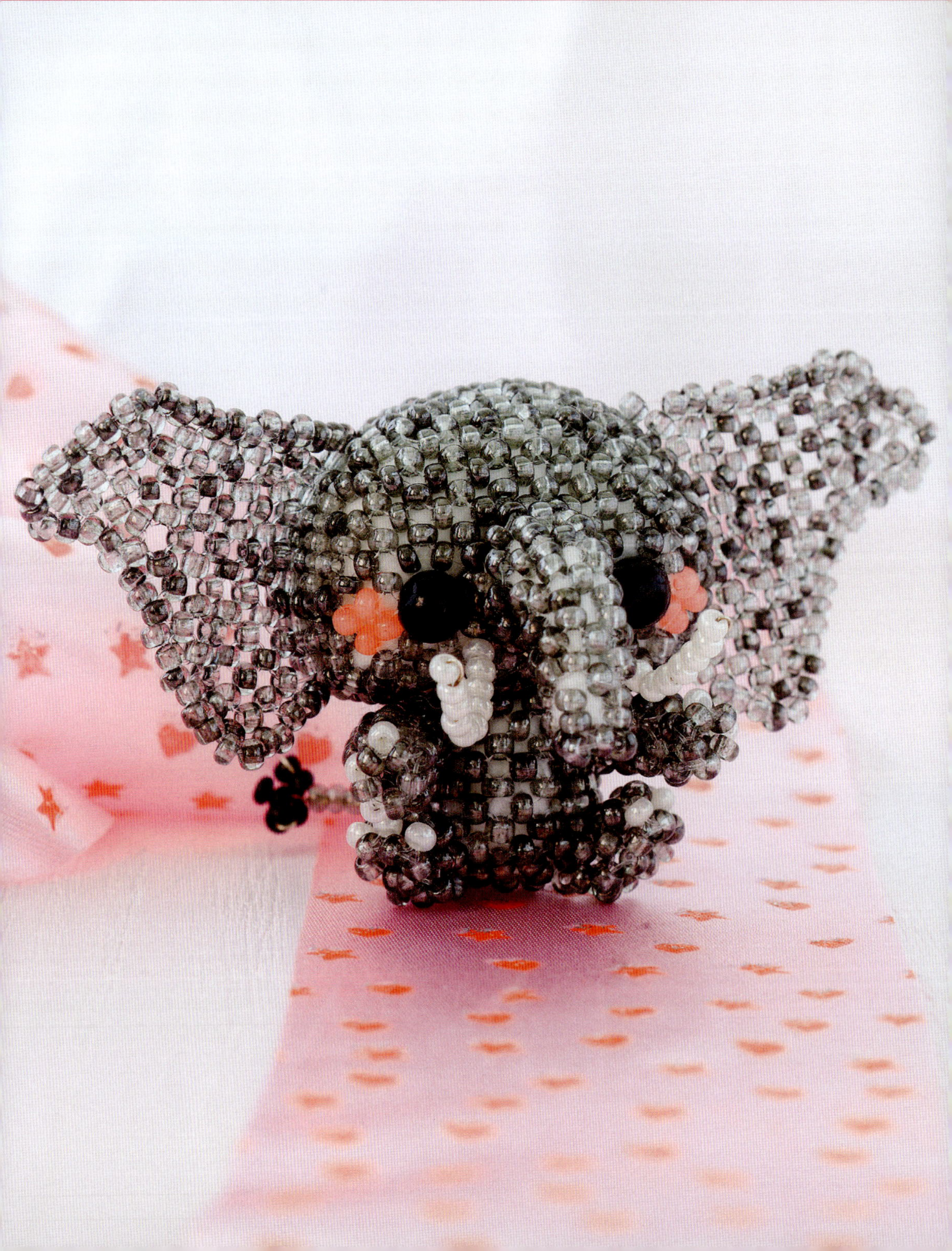

# Elefantchen

## kleiner Kerl, große Ohren

**MOTIVHÖHE**
ca. 4,3 cm

**MATERIAL**
- Rocailles in Grau transparent, ø 2,6 mm
- Rocailles in Rosa alabaster, ø 2,6 mm
- Rocailles in Wollweiß perlmutt, ø 2,6 mm
- Rocailles in Schwarz opak, ø 2,6 mm
- 2 Wachsperlen in Schwarz opak, ø 6 mm
- Nylonfaden, ø 0,25 mm, ca. 280 cm (Kopf), 160 cm (Körper), 140 cm (Ohren), 2 x 50 cm (Vorderbeine) und 2 x 30 cm (Hinterbeine) lang
- Messingdraht, ø 0,25 mm, 20 cm (Schwanz) und 2 x 10 cm (Stoßzähne) lang
- Watte zum Füllen

**FÄDELSKIZZEN**
Skizzenheft Seite 2/3

**1** Beginnen Sie mit dem Kopf des Elefanten, den Sie nach Skizze bis Kreis 199 fädeln.

**2** Jetzt ist die Kopfunterseite an der Reihe, mit der der Kopf verschlossen wird. Fädeln Sie die Unterseite an die Perlen a–t. Nach Kreis 16 den Kopf fest mit Watte ausstopfen, dann Kreis 17 bis 21 arbeiten und die Unterseite beenden.

**3** Jetzt die Ohren jeweils an die mit a–f (blau) gekennzeichneten Kopf-Perlen fädeln. Arbeiten Sie die Ohren anhand der Skizze, davon ein Mal spiegelverkehrt. Beachten Sie, dass nach Kreis 40 noch ringsum ein Saum gefädelt wird.

**4** Den Rüssel in Runden an die Perlen a–l (rot) fädeln, die Sie auf der Orientierungsskizze finden. Füllen Sie den Rüssel vor dem Verschließen mit etwas Watte.

**5** Nun die Stoßzähne als Perlenstäbe mit Messingdraht fädeln (siehe TOPP-Tipps). Den rechten Stoßzahn bringen Sie an den Perlen e und f (rot), den linken an den Perlen h und i (rot) an.

**6** Der Körper wird anhand der entsprechenden Fädelskizze an die mit a–l (lila) gekennzeichneten Perlen angefädelt. Nach Kreis 68 den Körper mit Watte füllen, dann zuende fädeln.

**7** Fädeln Sie die Vorder- und Hinterbeine je zwei Mal anhand der Skizze. Die Beine nach Skizze rechts und links am Körper anbringen, davon je ein Mal seitenverkehrt.

**8** Zum Schluss fädeln Sie noch den Schwanz als Perlenstab mit Messingdraht und bringen ihn mithilfe der Skizze am Körper an Kreis 51 an.

Anbringung an den Körper

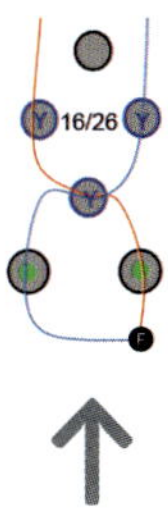


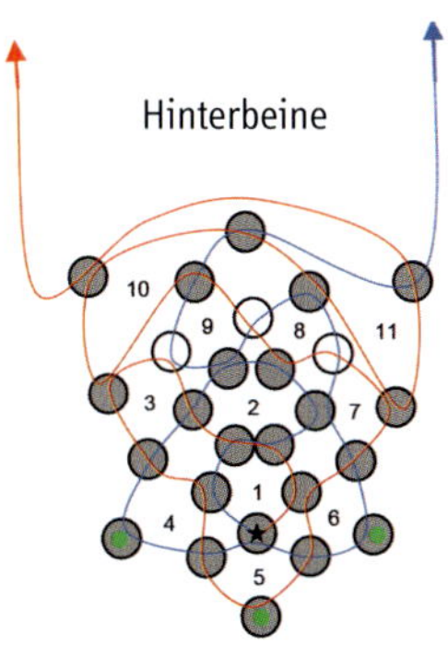
Hinterbeine

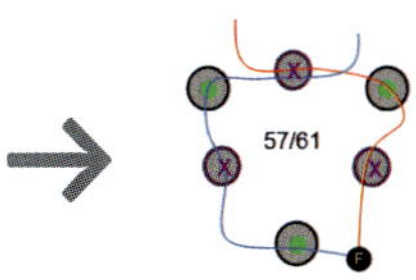

Anbringung an den Körper

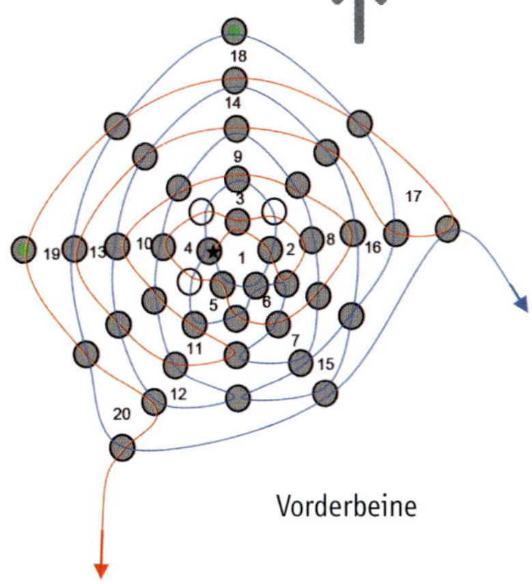
Vorderbeine

# Gouldamadine

## der Diamant der Lüfte

**MOTIVHÖHE**
ca. 4,4 cm

**MATERIAL FÜR DIE GOULDAMADINE IN ROT-GRÜN**

- Rocailles in Rot opak, ø 2,6 mm
- Rocailles in Schwarz opak, ø 2,6 mm
- Rocailles in Azur transparent, ø 2,6 mm
- Rocailles in Grün transparent, ø 2,6 mm
- Rocailles in Lila soft, ø 2,6 mm
- Rocailles in Eigelb satt, ø 2,6 mm
- Rocailles in Beige transparent, ø 2,6 mm
- Rocailles in Weiß alabaster, ø 2,6 mm
- Rocailles in Rosa alabaster, ø 2,6 mm
- 2 Wachsperlen in Schwarz opak, ø 6 mm
- Nylonfaden, ø 0,25 mm, ca. 280 cm (Kopf), 160 cm (Körper), 60 cm (Schwanz) und 2 x 50 cm (Flügel) lang
- Watte zum Füllen

**FÄDELSKIZZEN**
Skizzenheft Seite 1/2

**1** Fädeln Sie den Kopf der Gouldamadine anhand der Skizze bis Schritt 199.

**2** Um den Kopf zu schließen, fädeln Sie die Kopfunterseite bis Kreis 16, füllen dann den Kopf mit Watte und beenden anschließend die Unterseite. Die Fadenenden vernähen und verschweißen.

**3** Fädeln Sie den Schnabel direkt an die Punkte a–j (schwarz) des Kopfes.

**4** Den Körper an die mit a–l (lila) gekennzeichneten Kopfperlen fädeln. Füllen Sie den Körper nach Kreis 68 fest mit Watte, dann stellen Sie ihn fertig.

**5** Fädeln Sie zwei Flügel anhand der Skizzen. Bringen Sie dann die Flügel mit den Fadenenden rechts und links an den mit Y gekennzeichneten Perlen des Körpers an.

**6** Anhand der Skizze zwei Beine fädeln und mit den Fadenenden an den mit X gekennzeichneten Perlen rechts und links am Körper anbringen. Zum Schluss noch die schwarzen Perlen für die Krallen anfädeln. Beginnen Sie die Krallen jeweils an der linken Perle von FußKreis 1.

**7** Den Schwanz an die Körperkreise 52–54 fädeln und nach Skizze fertigstellen.

### Mein Tipp für Sie

**Farbvariante** Die hellblau-rosafarbene Gouldamadine wird genauso gefädelt. Hier sind viele Variationen möglich. Fädeln Sie mit Perlen in den Farben Ihrer Wahl und orientieren Sie sich wie gewohnt an den Skizzen. Es hilft, die Perlenfarben der Legende zuvor entsprechend anders zu beschriften.

# Gouldamadine

Seite 16

- Wachsperlen in Schwarz, ø 6 mm
- Rot opak
- Schwarz opak
- Azur transparent
- Grün transparent
- Lila soft
- Eigelb satt
- Beige transparent
- Weiß alabaster
- Rosa alabaster

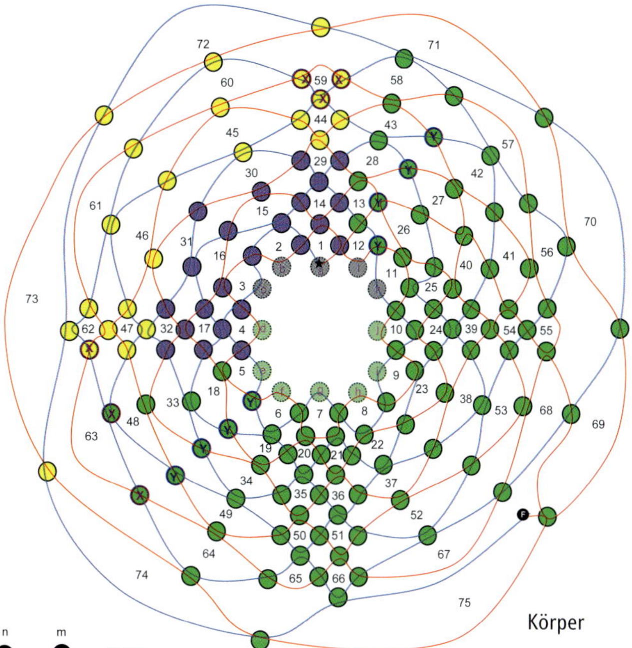

Körper

Orientierung

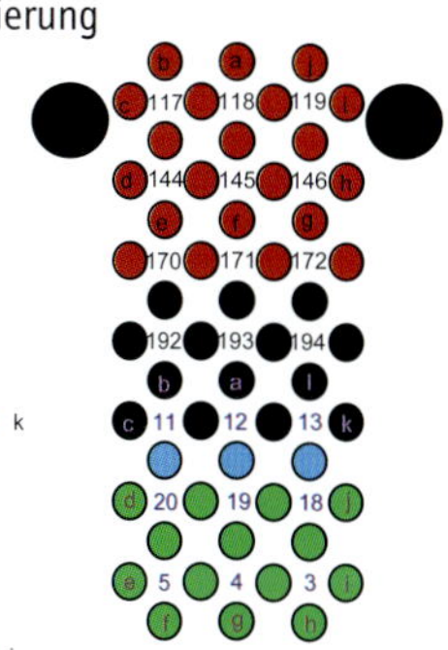

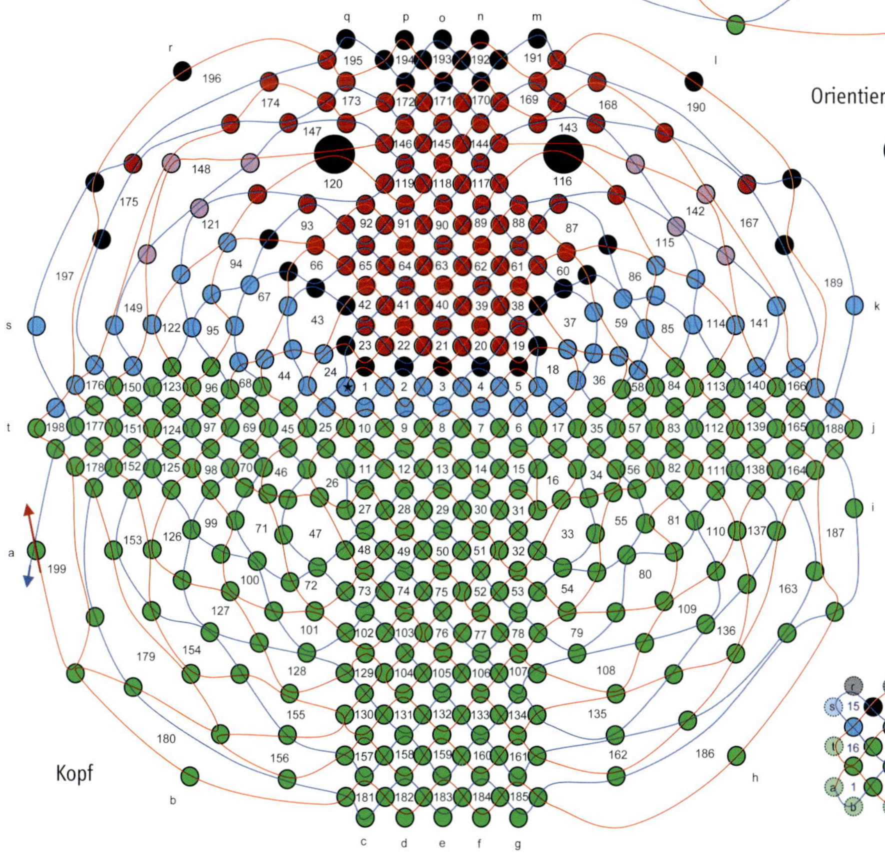

Kopf

Unterseite Kopf

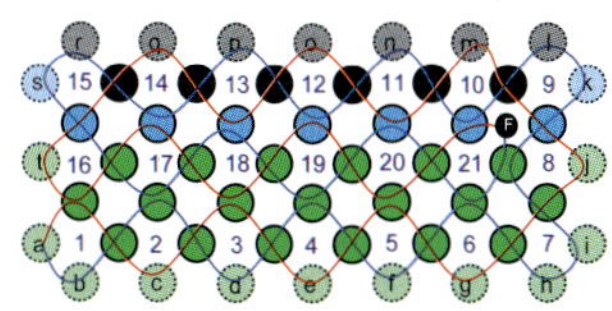

Fuß

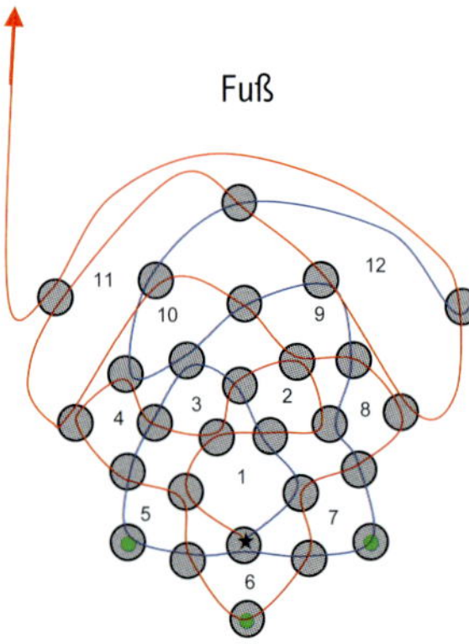

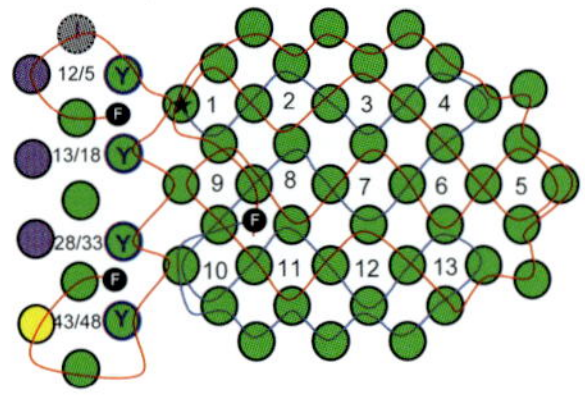

Flügel

Schnabel

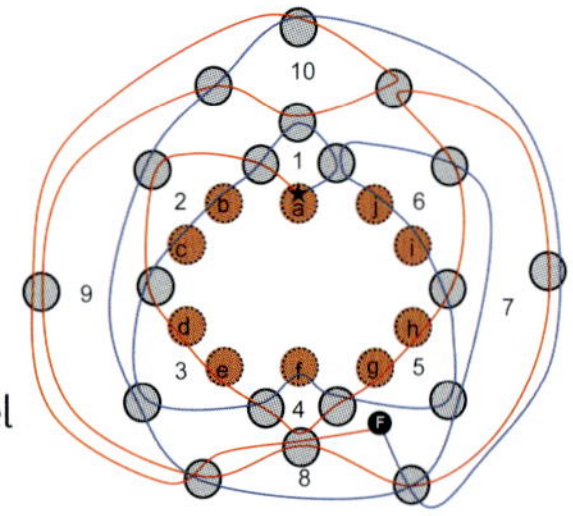

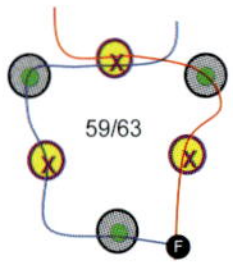

Anbringung der Füße
an den Körper

Krallen

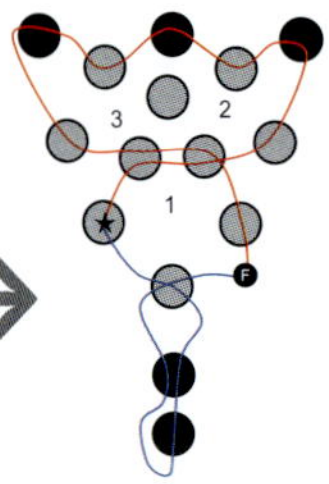

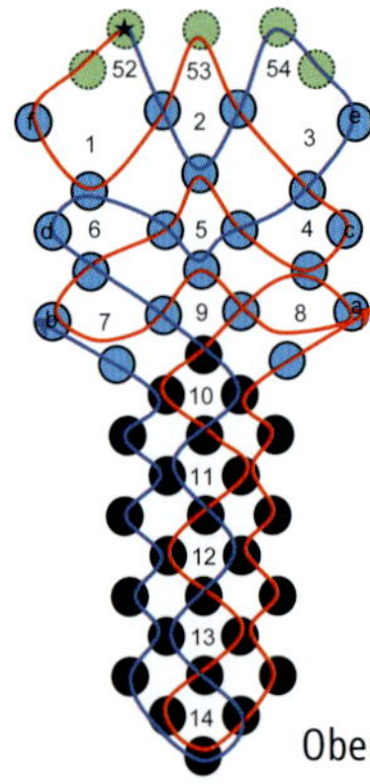

Oberseite Schwanz

Unterseite Schwanz

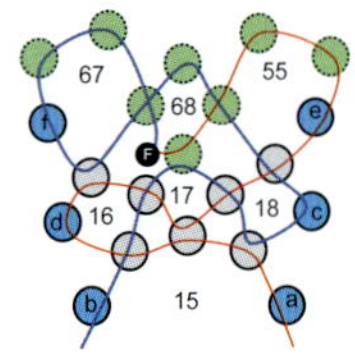

## Elefantchen

Seite 14

- Wachsperlen in Schwarz, ø 6 mm
- Grau transparent
- Rosa alabaster
- Wollweiß perlmutt
- Schwarz opak

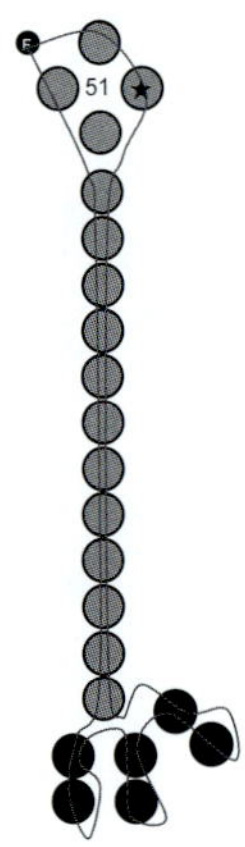

Schwanz

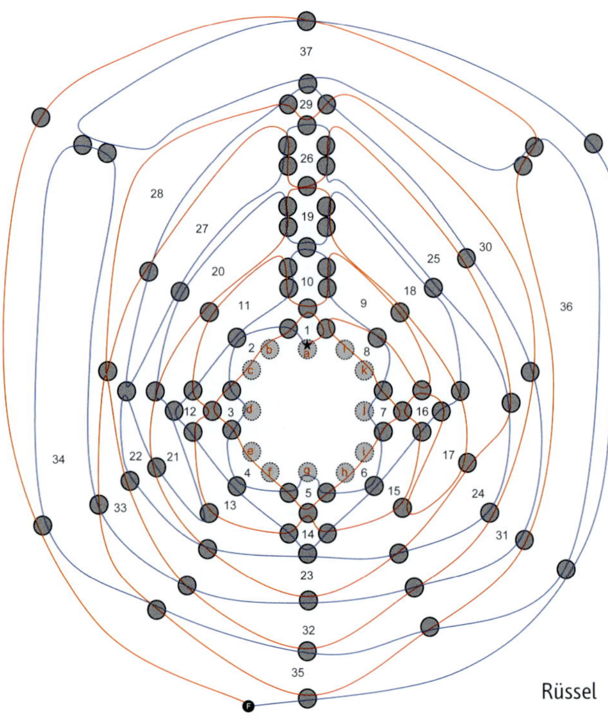

Rüssel

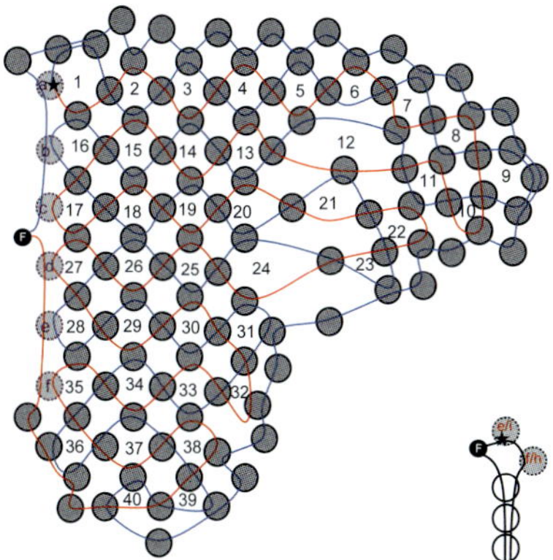

Ohren

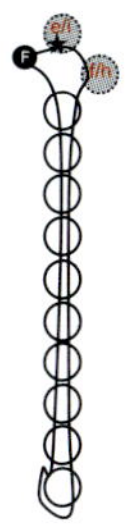

Stoßzähne

Körper

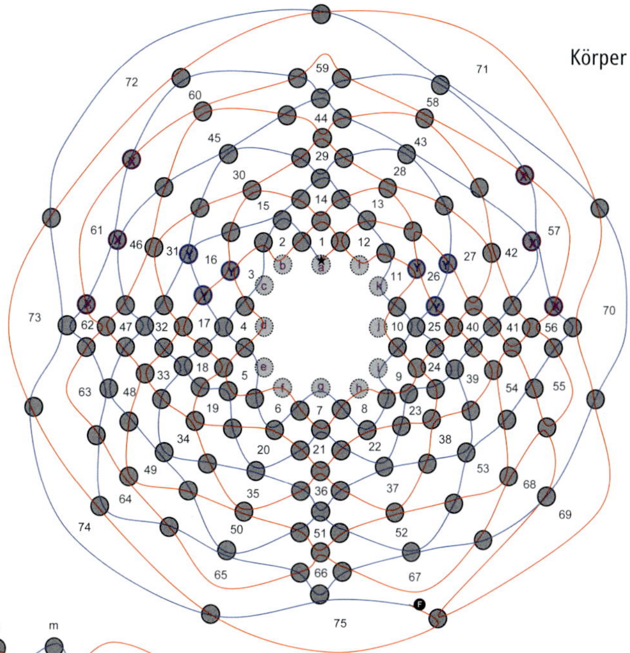

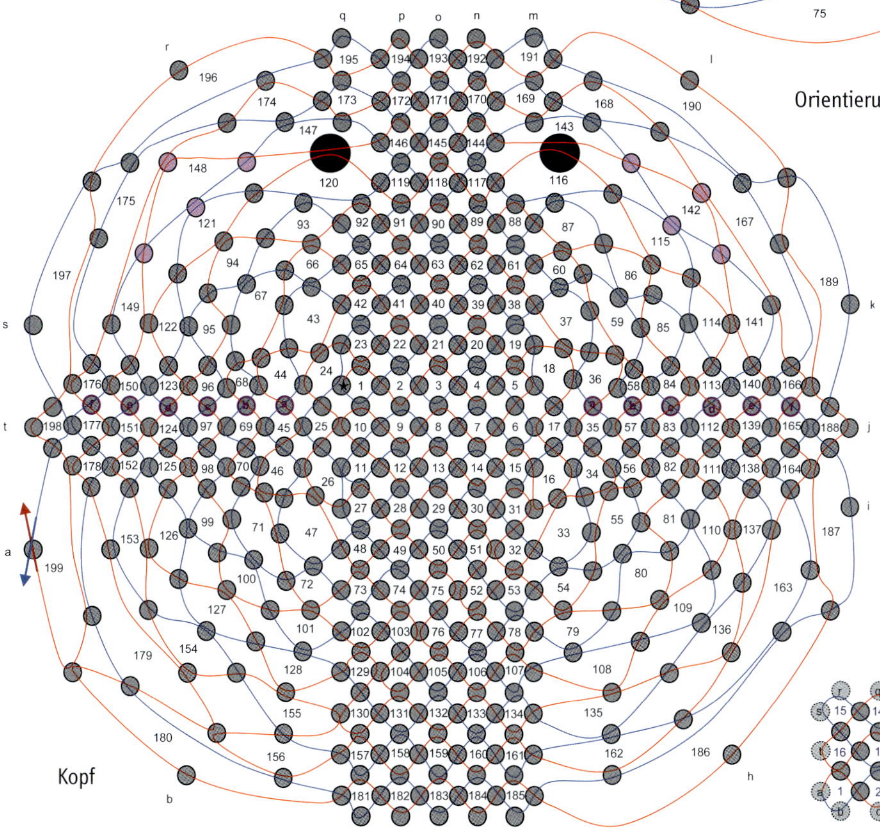

Kopf

Orientierung

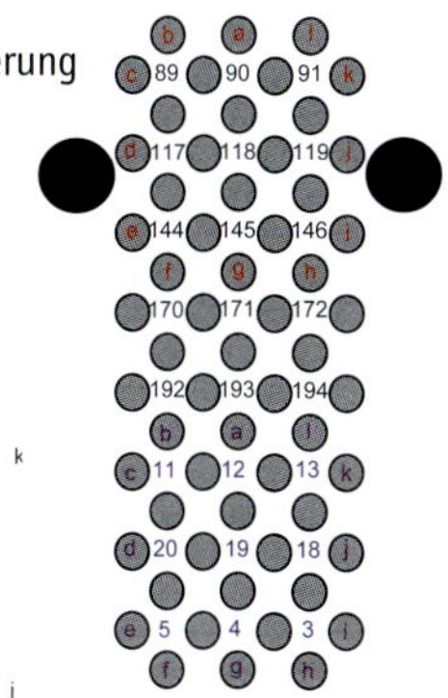

Unterseite Kopf

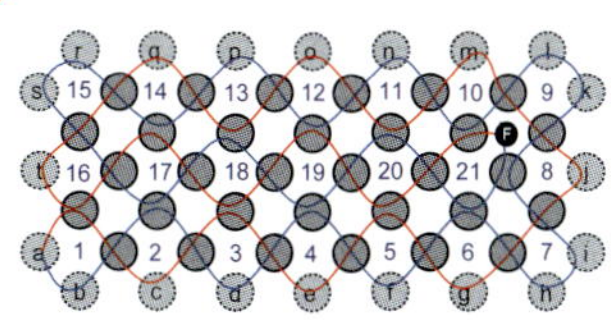

# Eisbärchen

Seite 20

- Wachsperle in Schwarz, ø 6 mm
- Weiß alabaster
- Blau alabaster
- Rosa perlmutt
- Delica Beads in Schwarz matt, ø 2 mm
- Wachsperle in Rosa, ø 4 mm

Eisbär Schal

- Hellblau transparent
- Himmelblau transparent
- Eisblau transparent
- Azur transparent
- Kobaltblau transparent

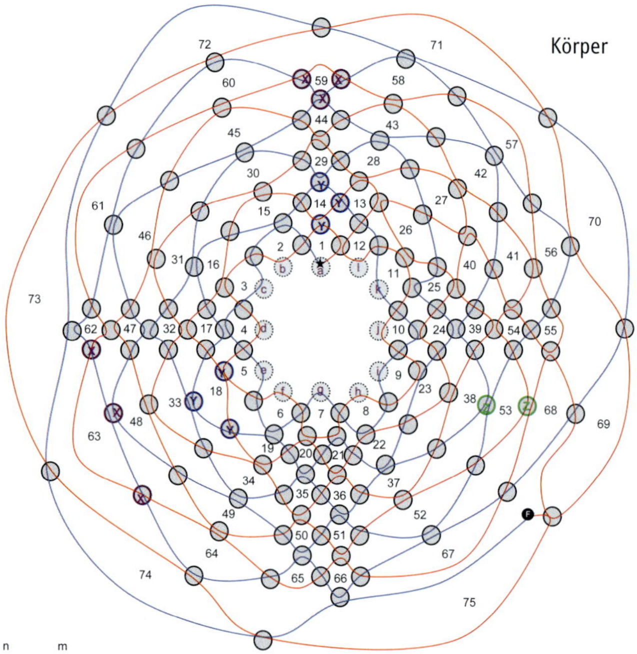

Körper

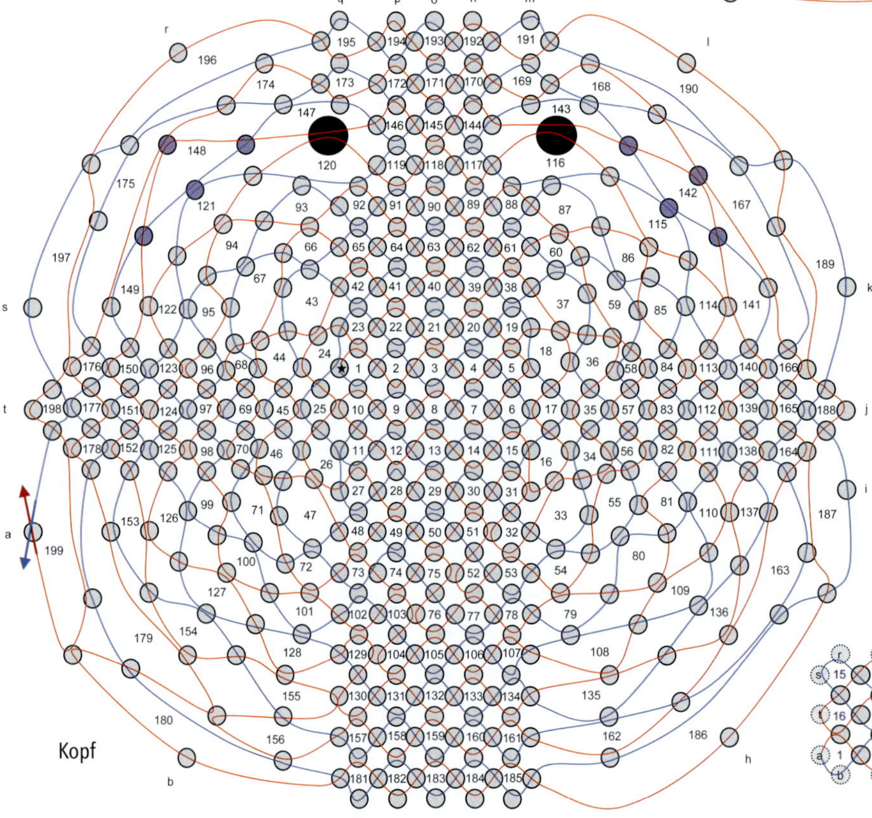

Kopf

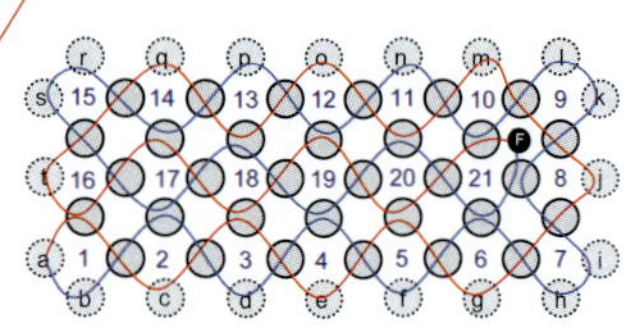

Unterseite Kopf

Hinterbeine

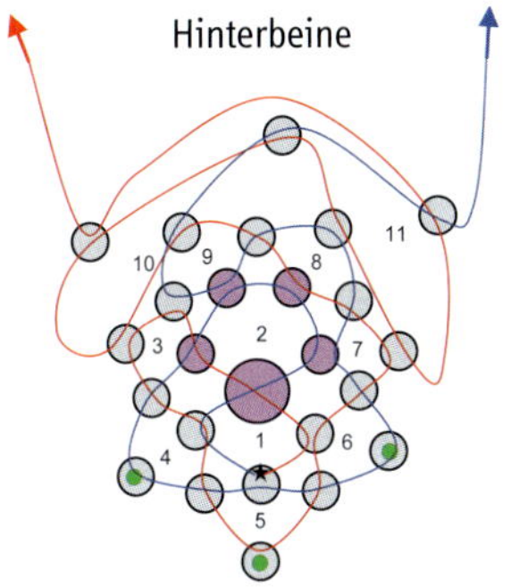

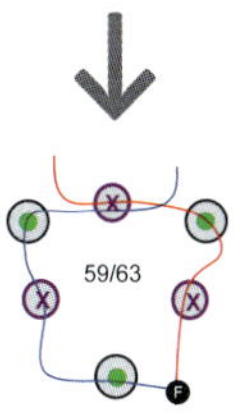

Anbringung an den Körper

Vorderbeine

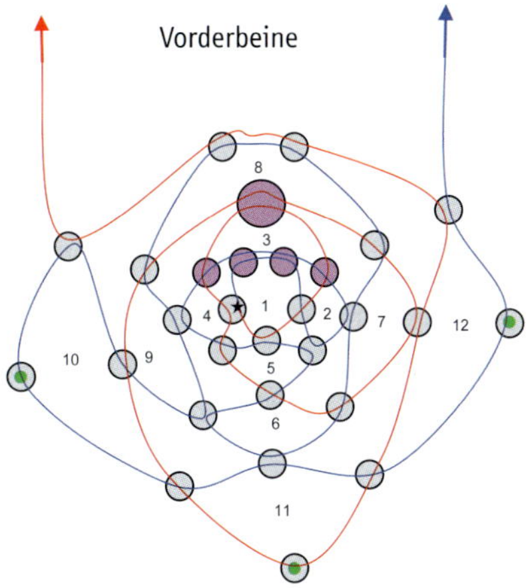

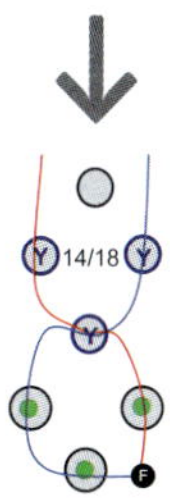

Anbringung an den Körper

Orientierung

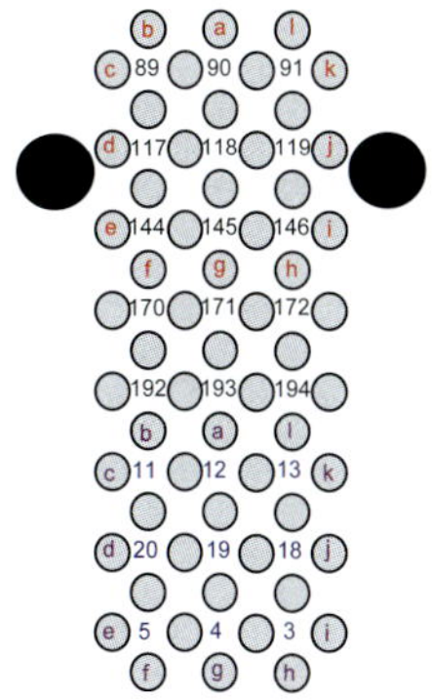

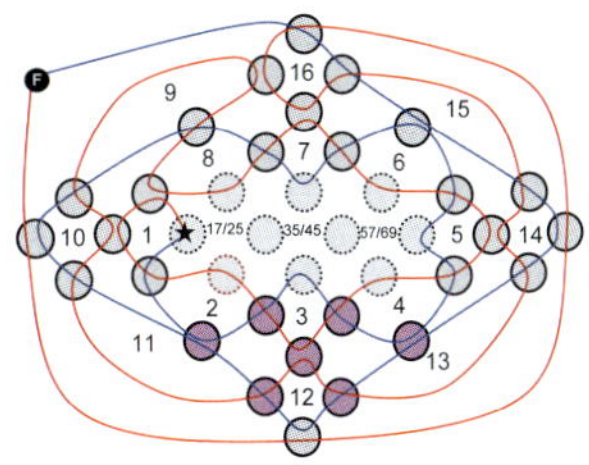

Ohren

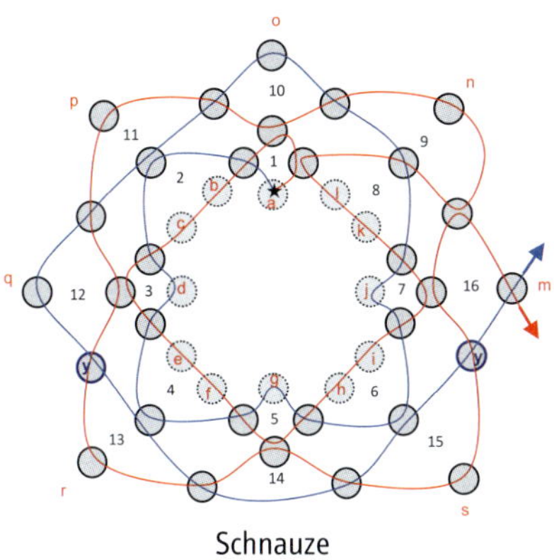

Schnauze

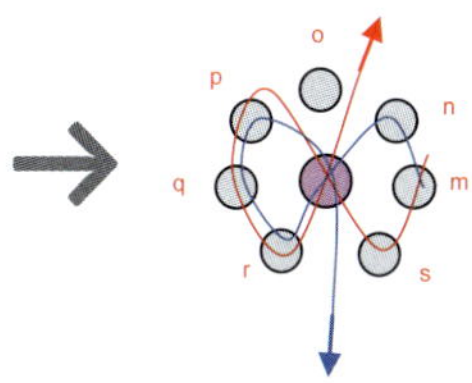

Nase

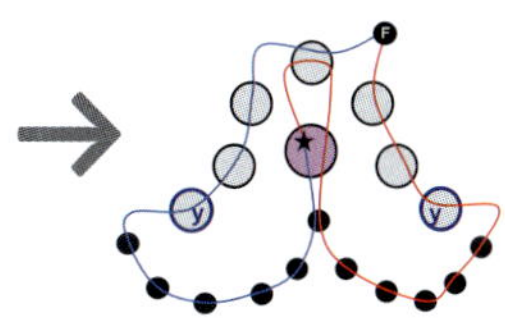

Mäulchen

Schal

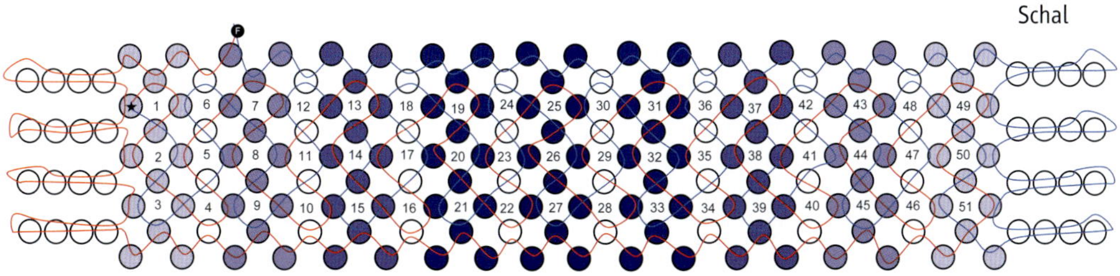

# Weise Eule

Seite 4

- Wachsperle in Schwarz, ø 6 mm
- Beige perlmutt
- Rehbraun transparent
- Grau opak
- Schwarz opak

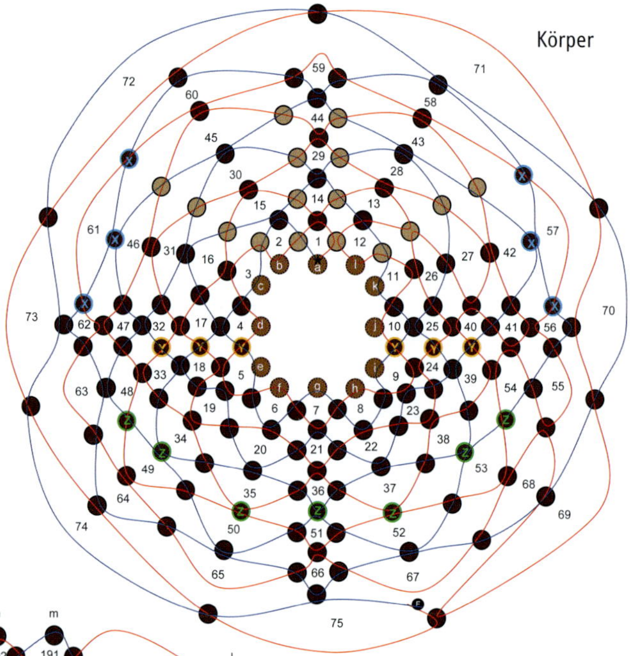

Körper

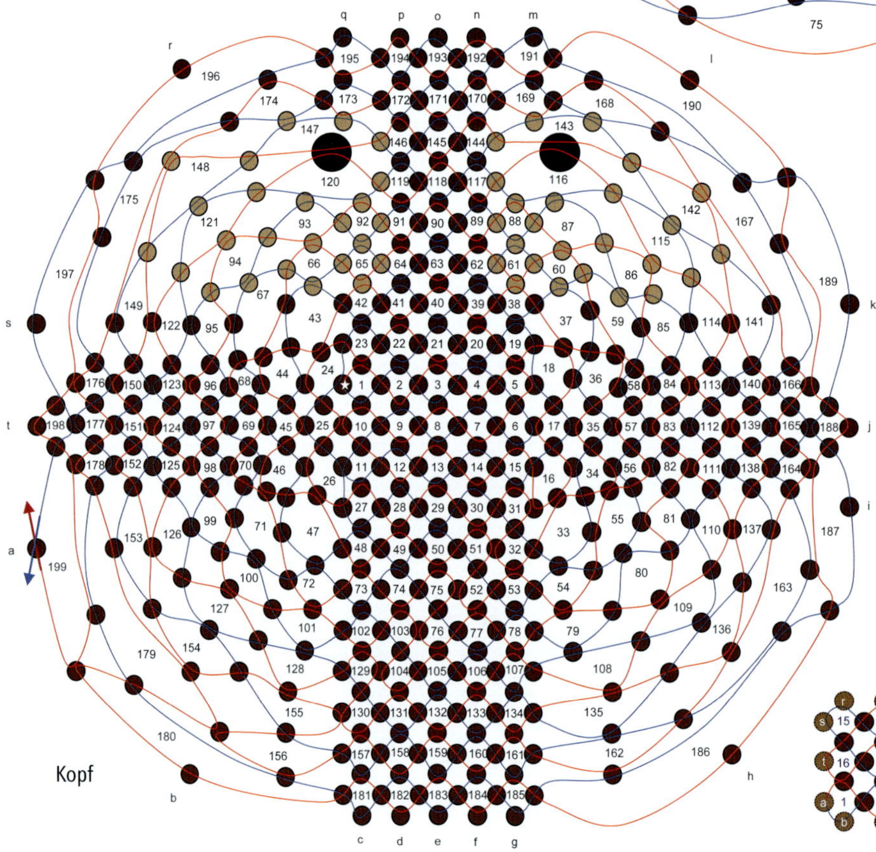

Kopf

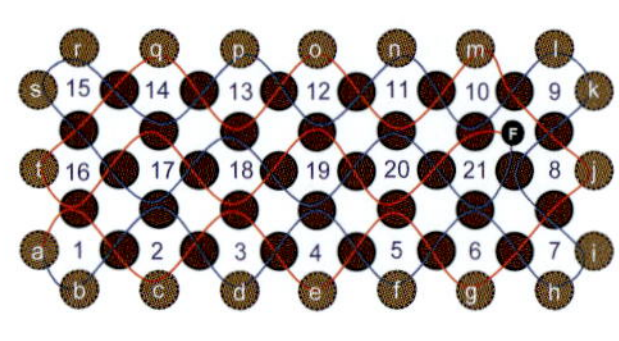

Unterseite Kopf

Orientierung

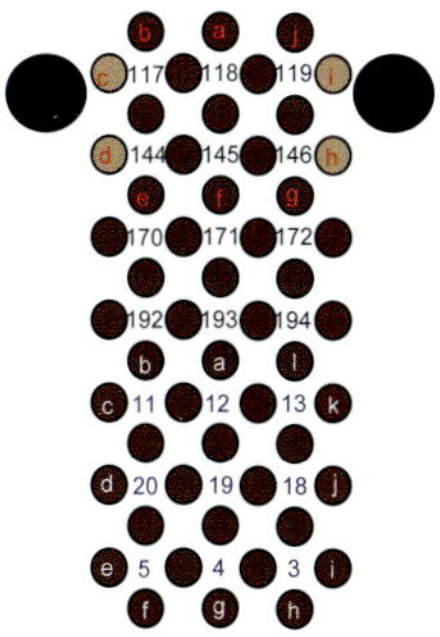

Schnabel

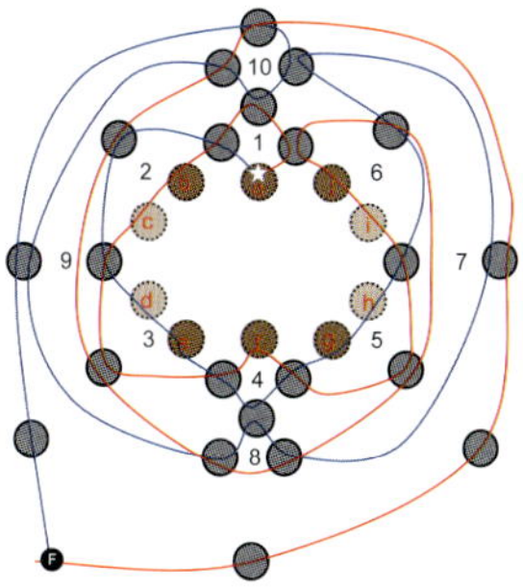

Federn über den Augen

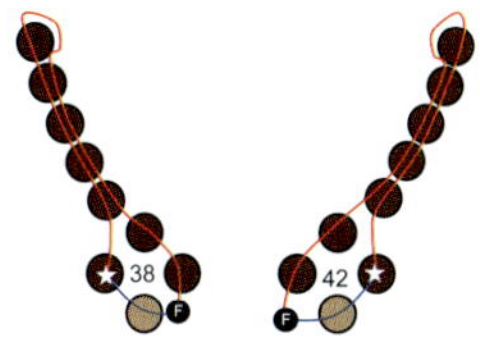

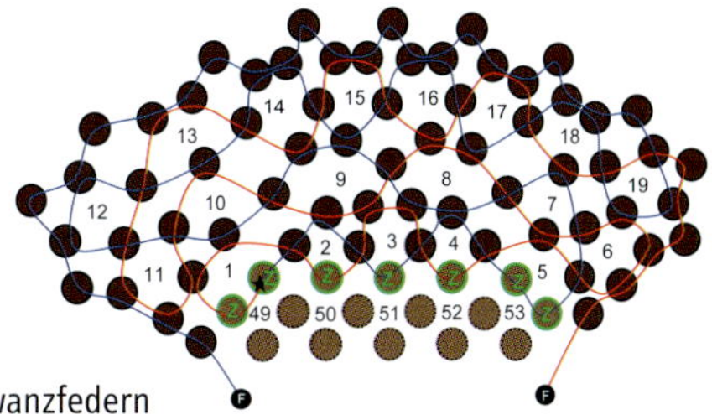

Schwanzfedern

## Kleiner Fuchs

Seite 2

- Wachsperlen in Schwarz, ø 6 mm
- Orange transparent
- Weiß perlmutt
- Schwarz opak
- Rosa perlmutt
- Wachsperle in Braun, ø 4 mm
- Wachsperlen in Schwarz, ø 4 mm

Ohren

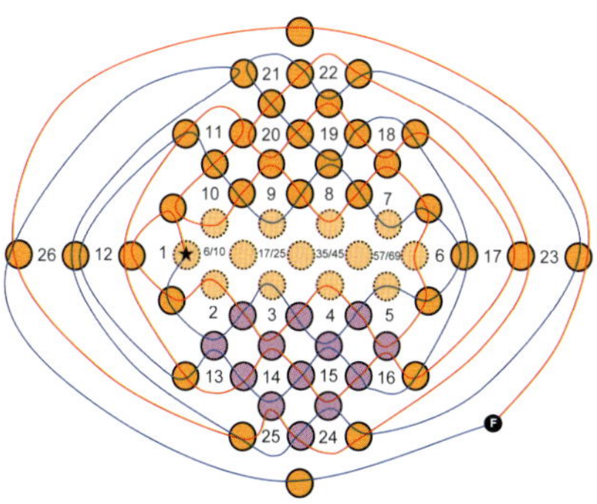

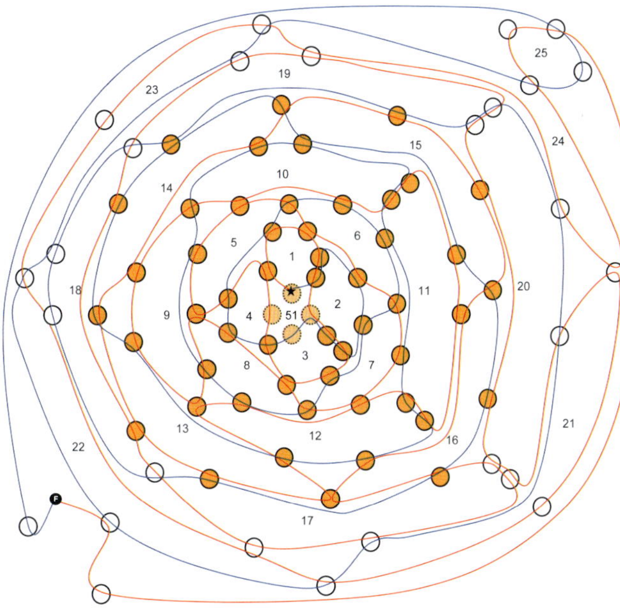

Schwanz

## Schnauze

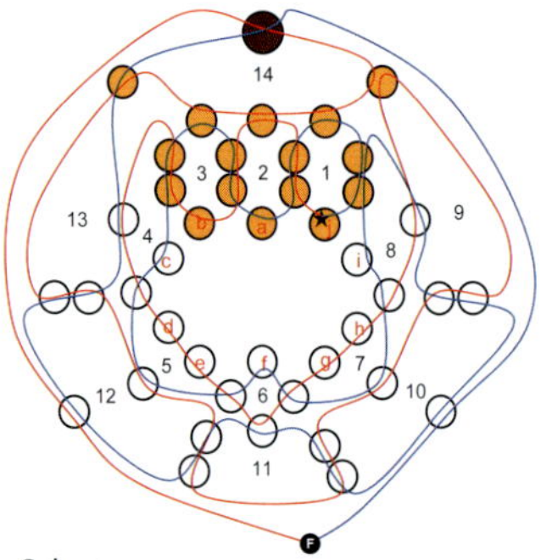

## Körper

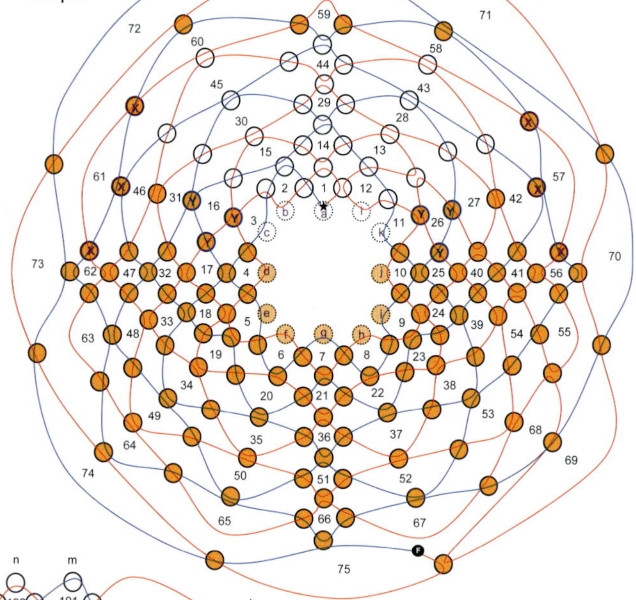

## Unterseite Kopf

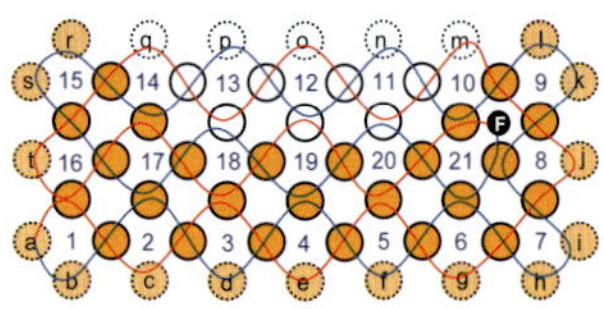

## Kopf

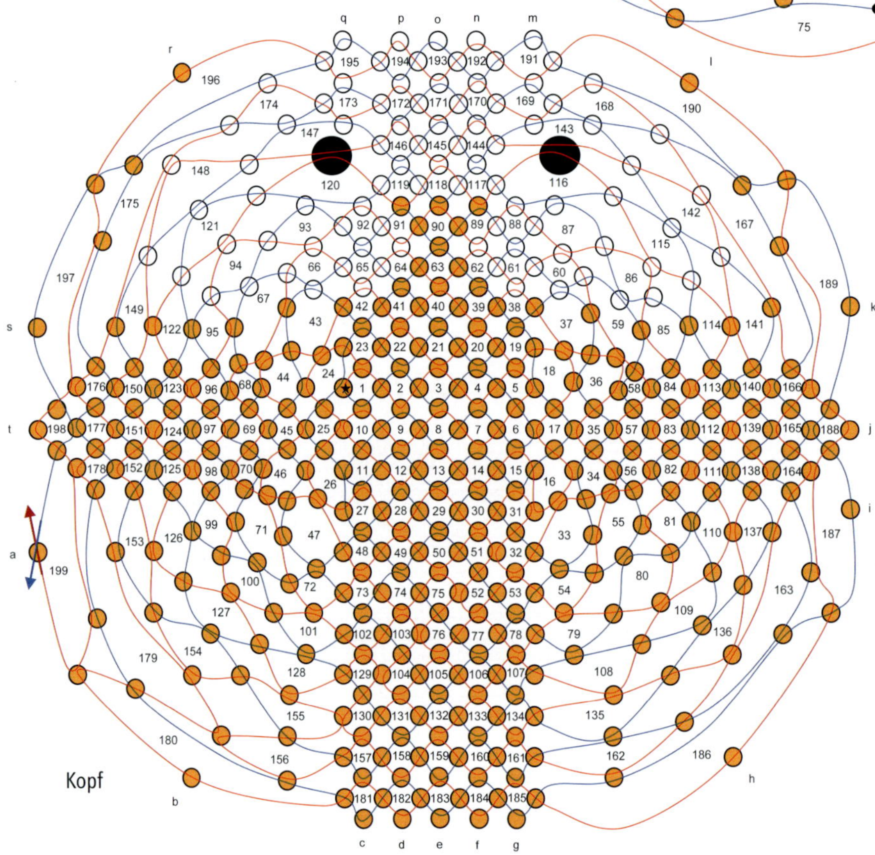

## Orientierung

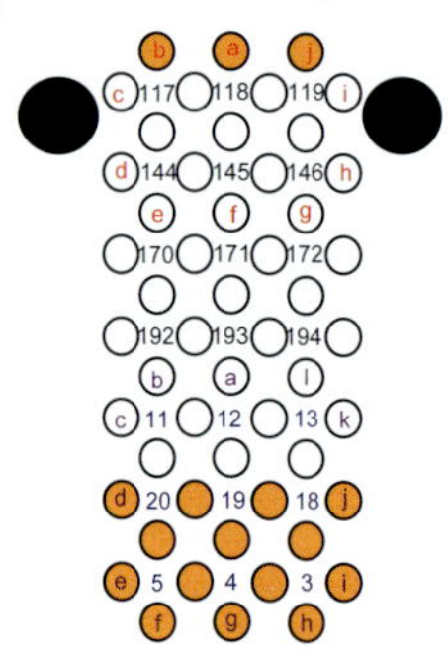

## Süße Mieze

Seite 6

- Wachsperlen in Schwarz, ø 6 mm
- Wachsperlen in Rosa, ø 4 mm
- Apricot transparent
- Rosa alabaster
- Weiß perlmutt
- Delica Beads in Schwarz matt, ø 2 mm

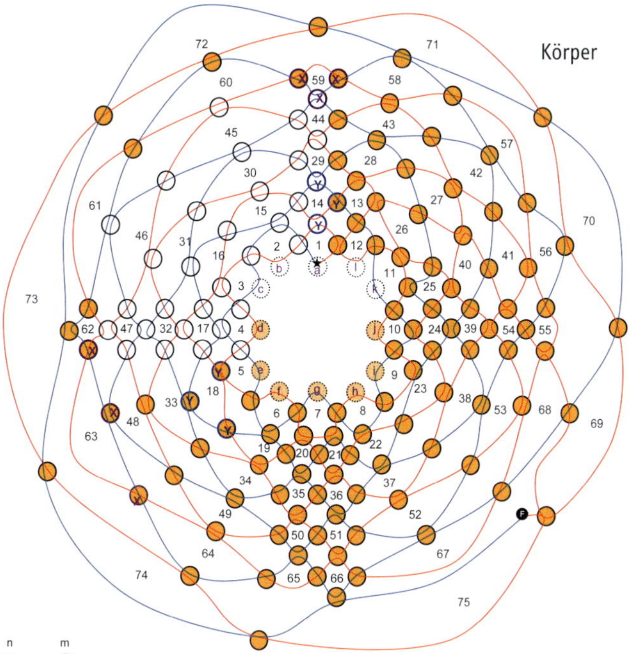

Körper

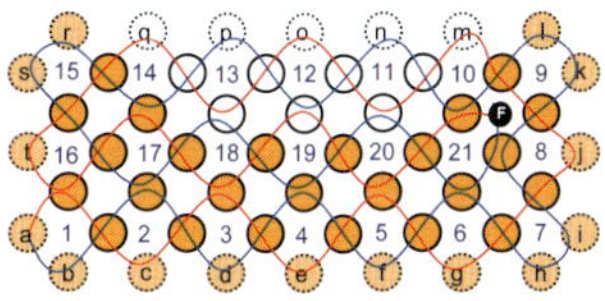

Unterseite Kopf

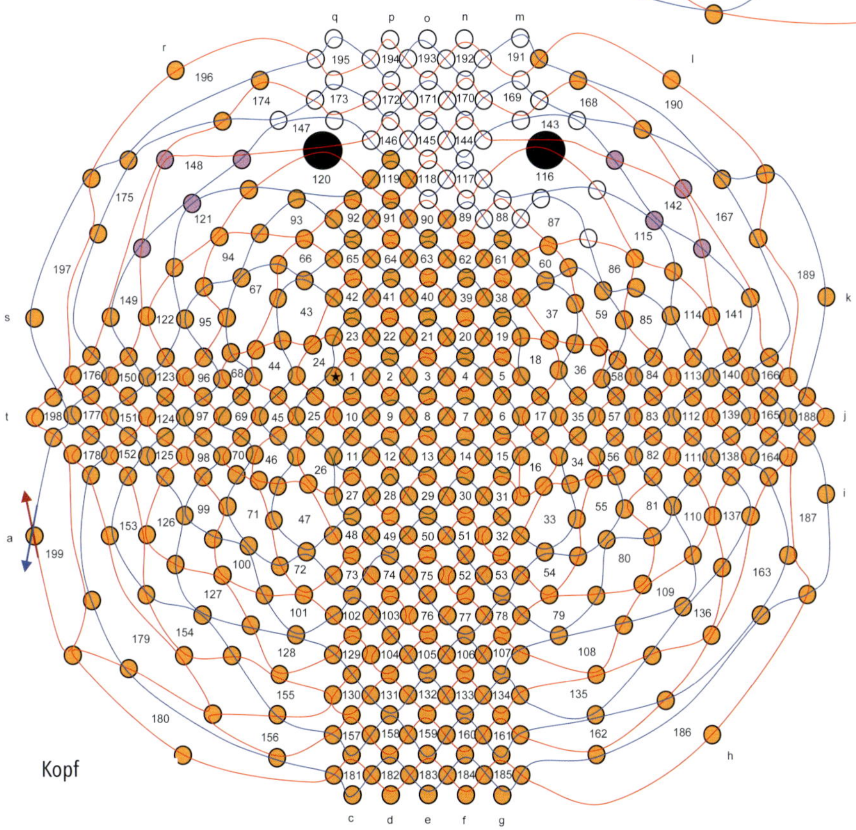

Kopf

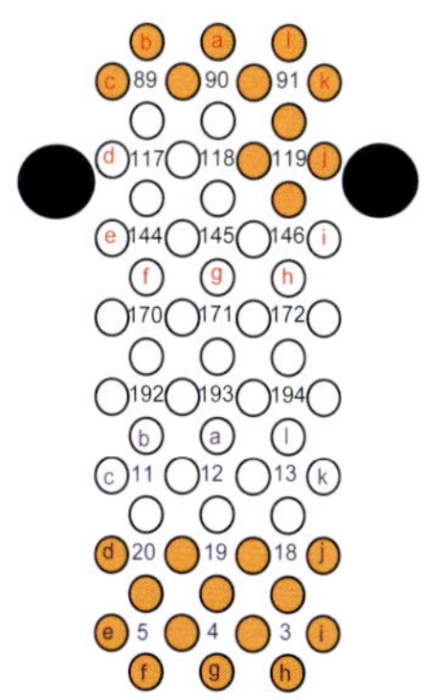

Orientierung

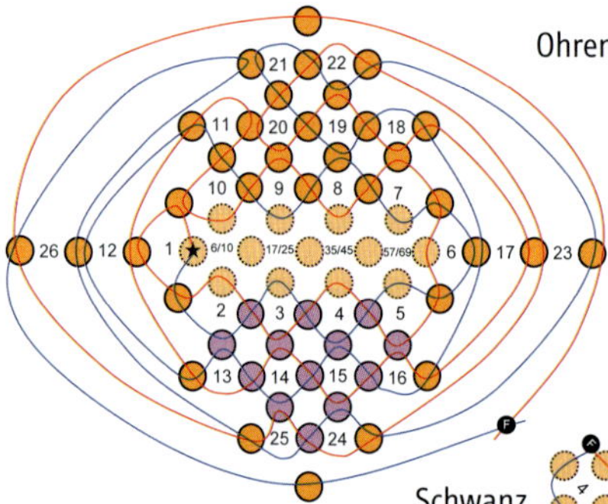

Ohren

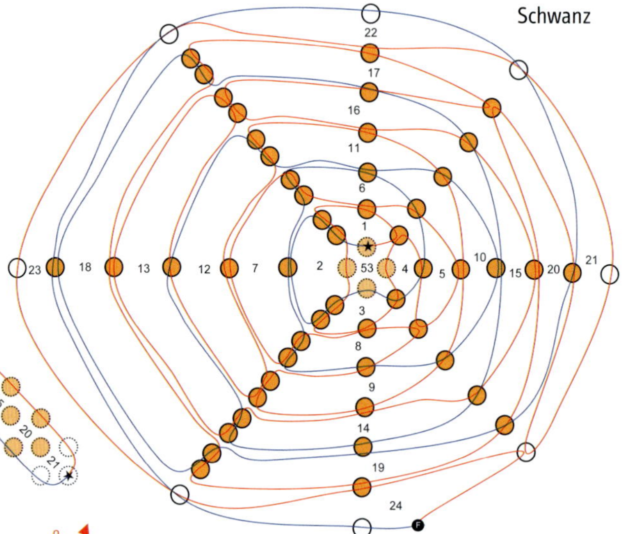

Schwanz

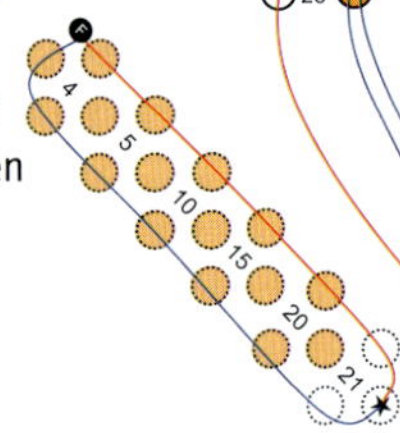

Schwanz festziehen

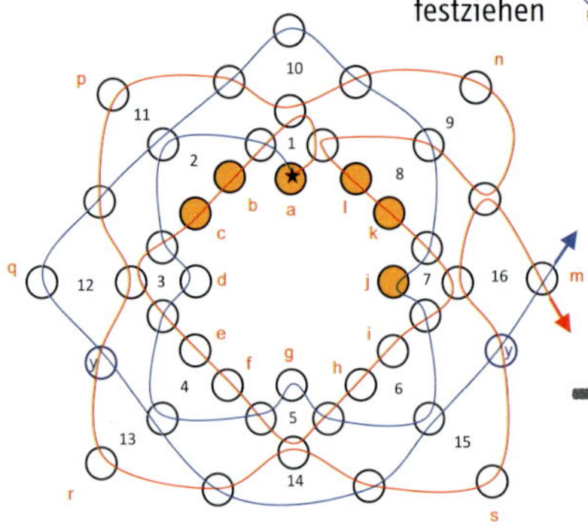

Schnauze

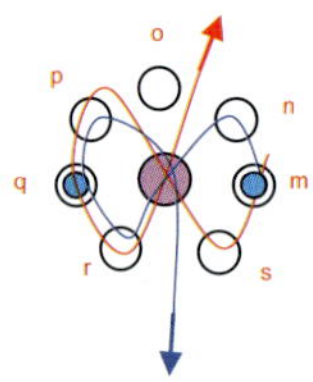

Nase

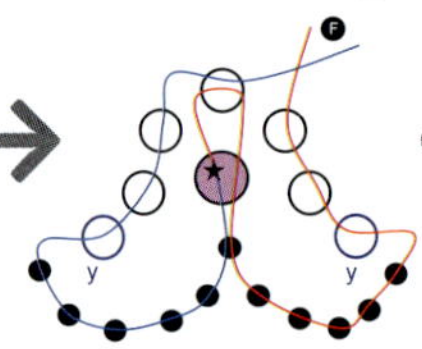

Mäulchen

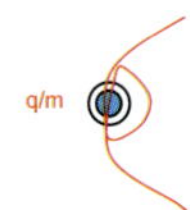

Barthaare

## Niedlicher Hund

Seite 18

- Wachsperlen in Schwarz, ø 6 mm
- Sand transparent
- Rosa alabaster
- Weiß alabaster
- Rehbraun transparent
- Karminrot transparent
- Delica Beads in Schwarz matt, ø 2 mm
- Wachsperle in Dunkelbraun, ø 4 mm
- Wachsperle in Hellbraun, ø 4 mm

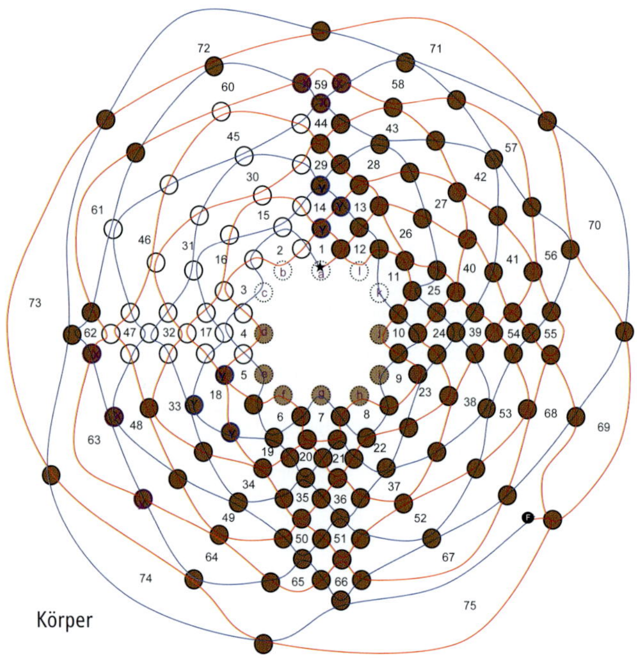

Körper

Schnauze

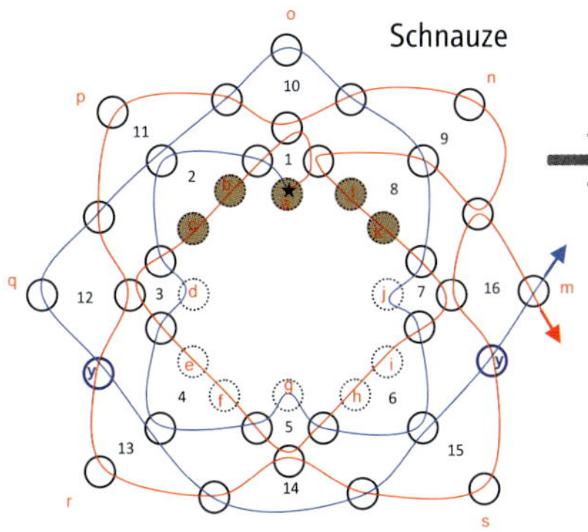

Nase

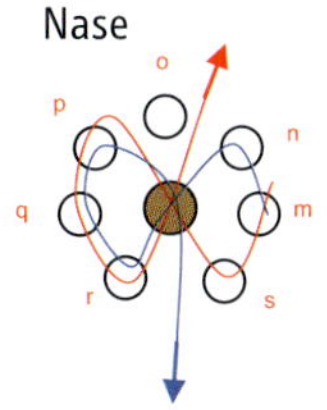

Mäulchen

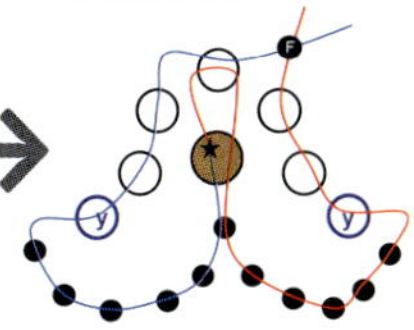

Zunge

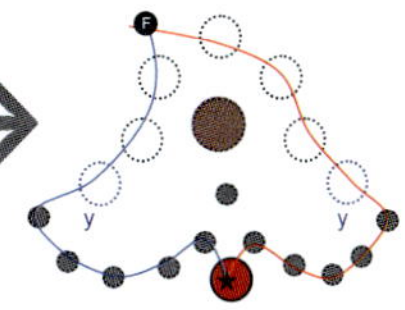

Anbringung der Ohren an den Kopf

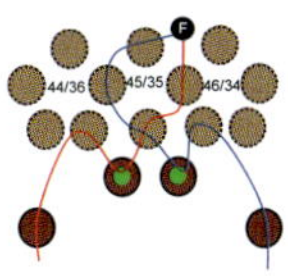

Schwanz

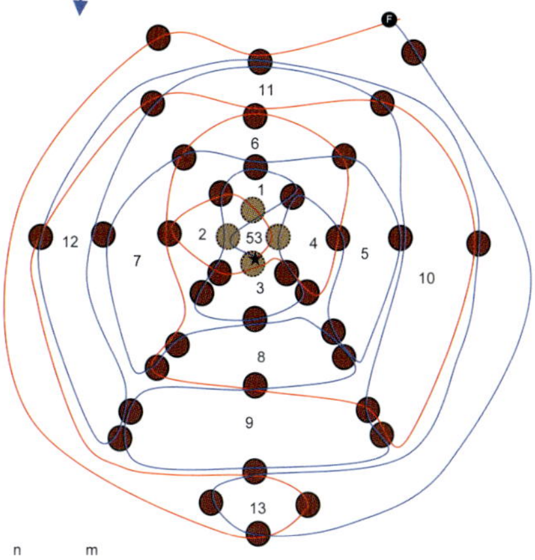

Ohren

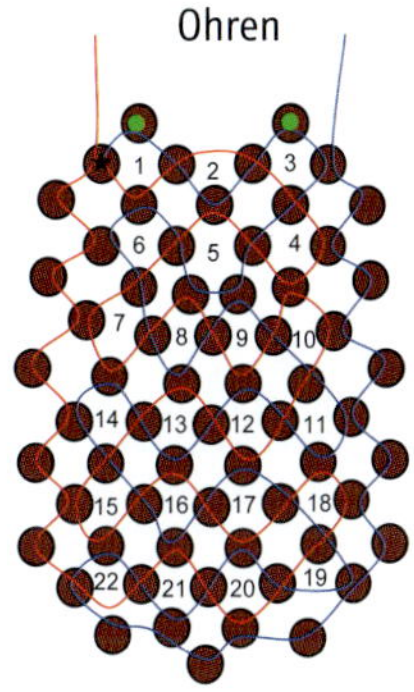

Orientierung

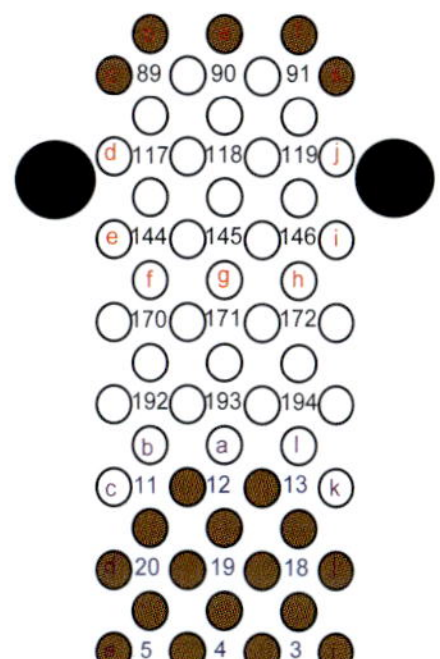

Kopf

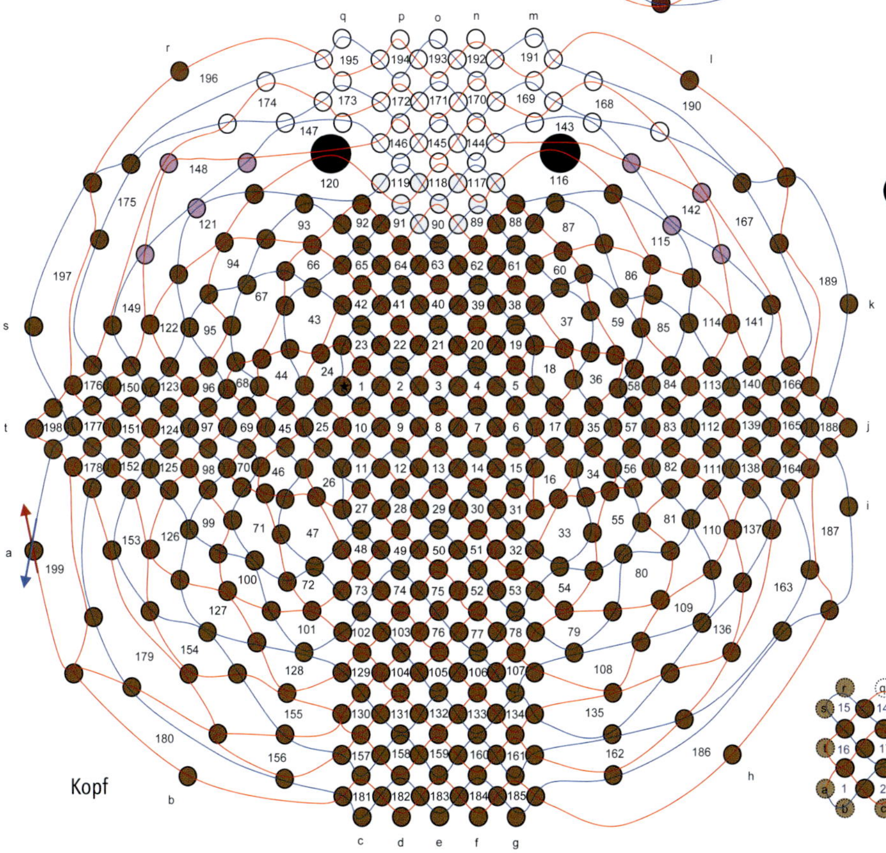

Unterseite Kopf

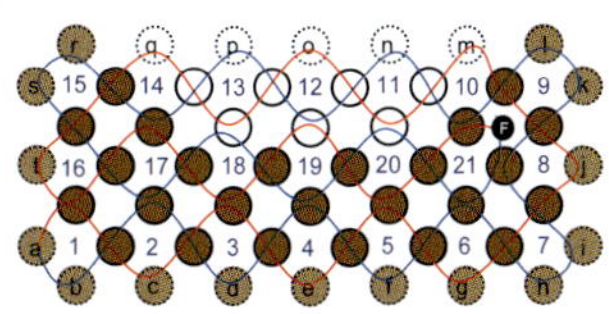

# Giftgrünes Krokodil

Seite 12

- Wachsperlen in Schwarz, ø 6 mm
- Grün transparent
- Grün alabaster
- Tannengrün matt transparent
- Schwarz matt
- Weiß alabaster

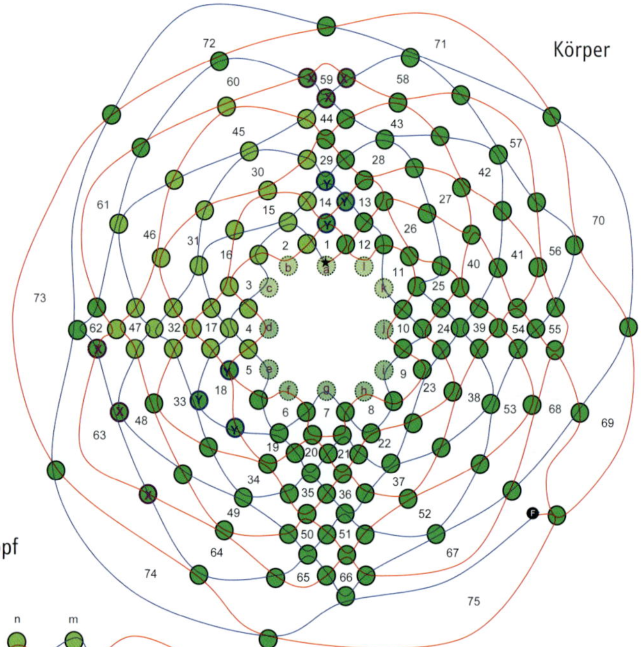

Körper

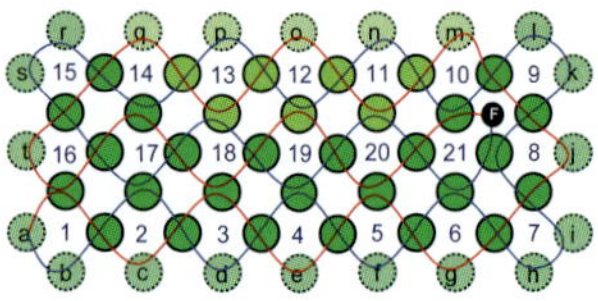

Unterseite Kopf

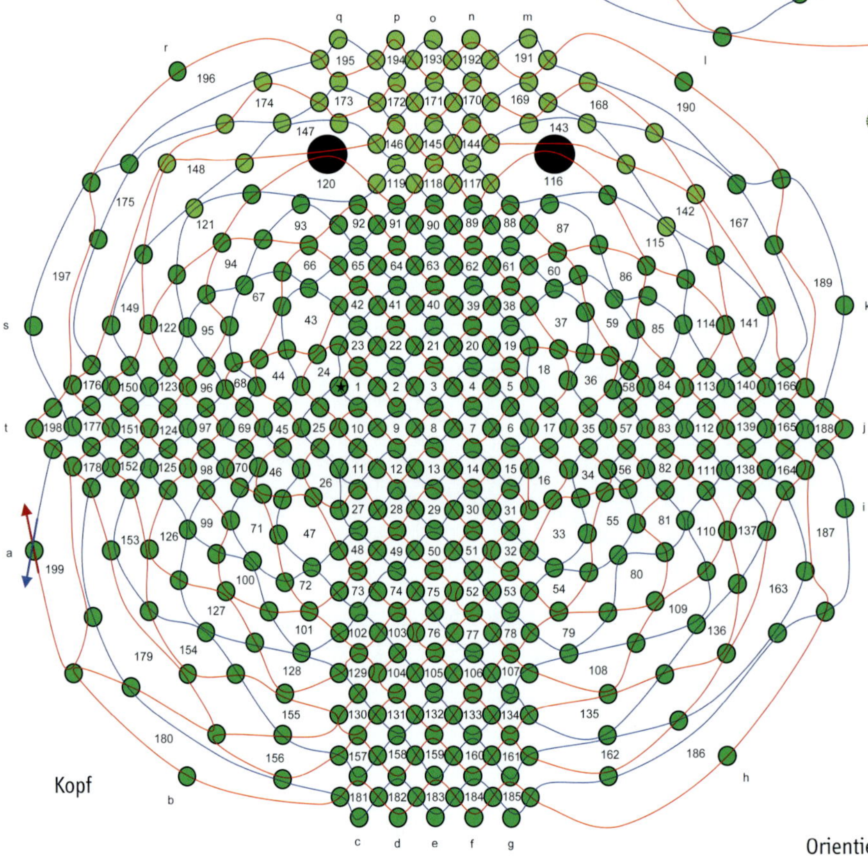

Kopf

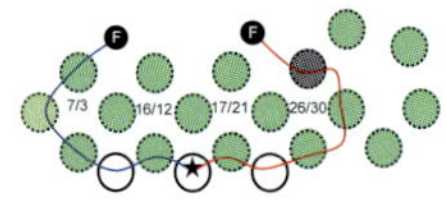

Orientierung Oberkiefer und Zähne

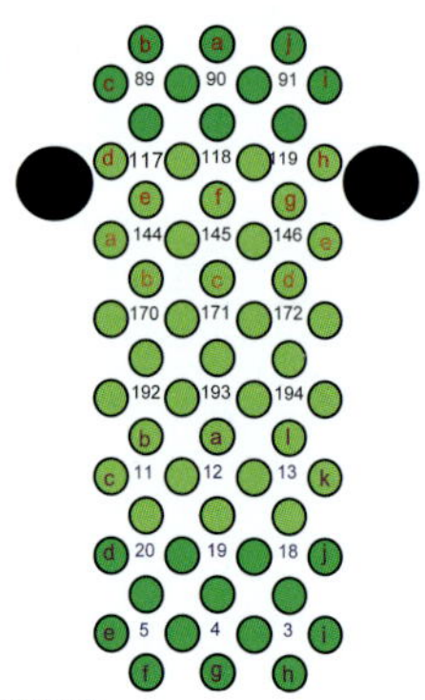

Orientierung

Unterkiefer

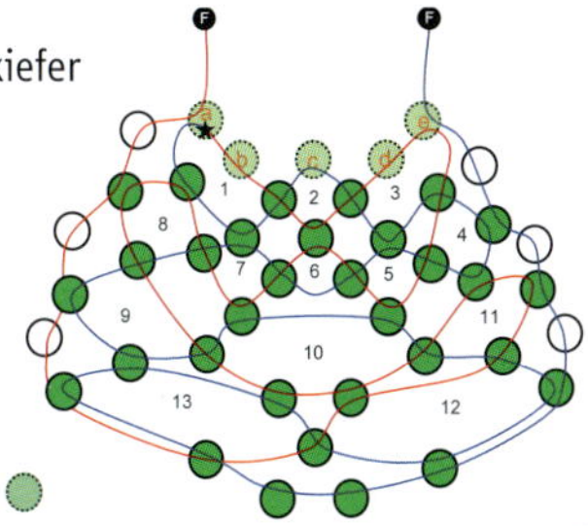

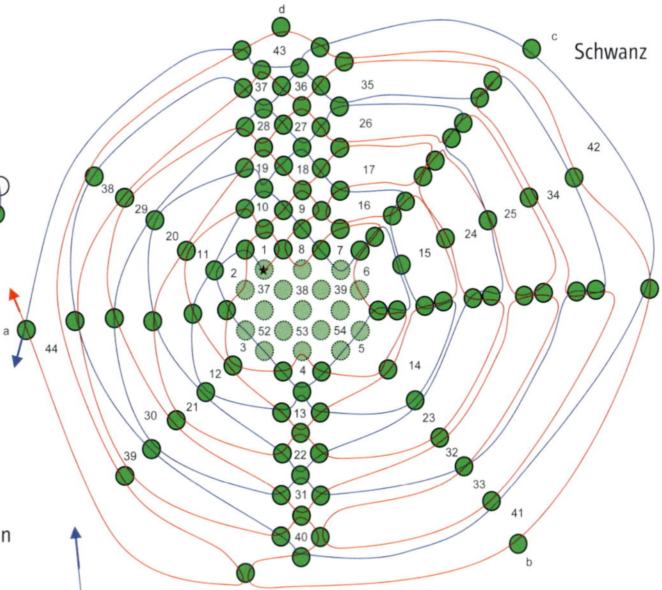

Schwanz

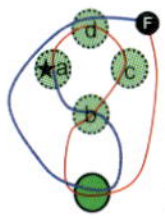

Schwanzspitze

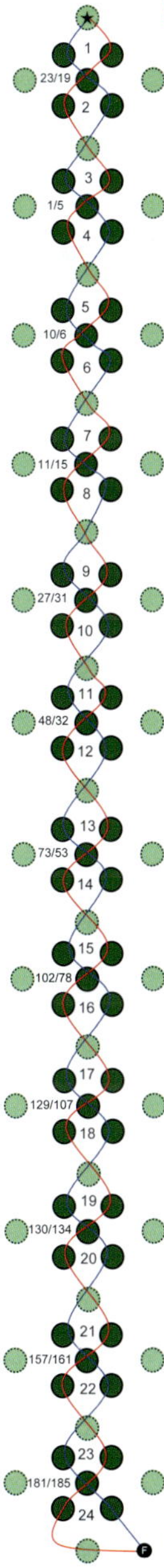

Rückenschuppen

Vorderbeine + Krallen

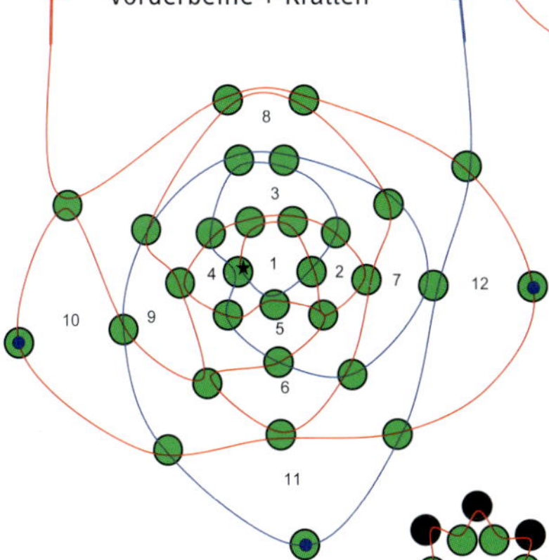

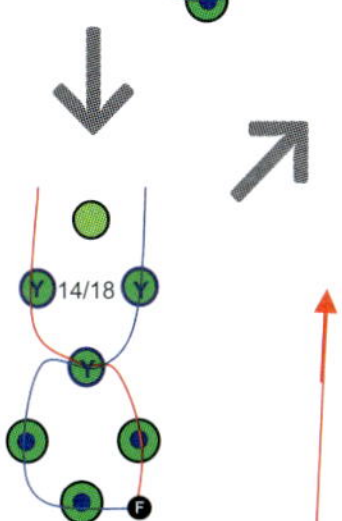

Anbringung an den Körper

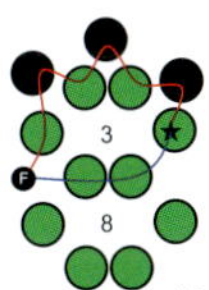

Krallen

Oberkiefer

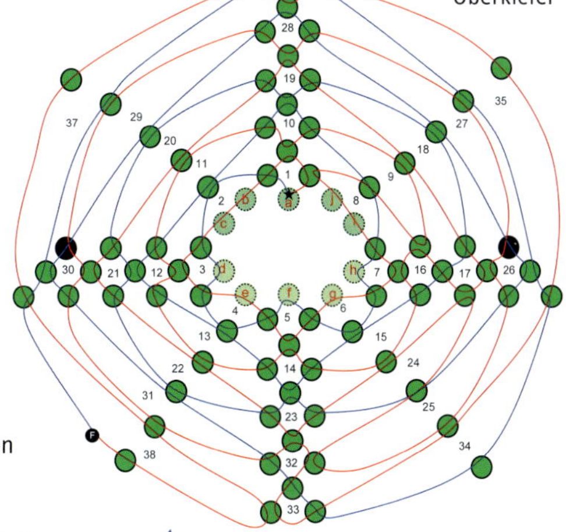

Hinterbeine + Krallen

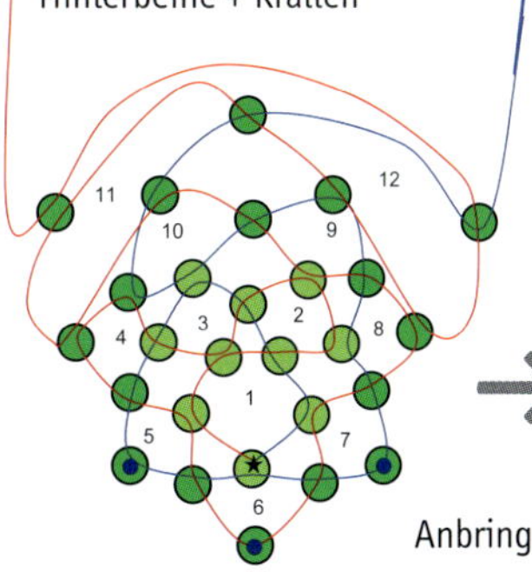

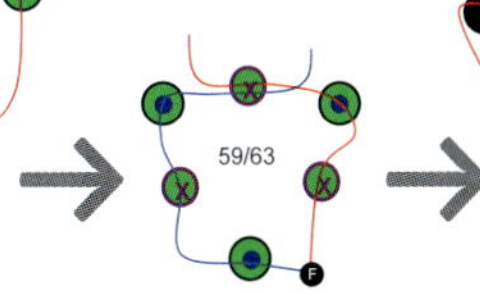

Anbringung an den Körper

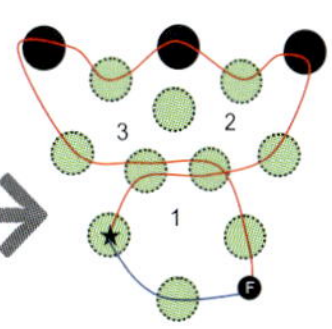

Krallen

# Küken mit buntem Ei

Seite 26

- Wachsperlen in Schwarz, ø 6 mm
- Gelb transparent
- Karminrot transparent
- Orange transparent
- Grau matt transparent
- Rosa alabaster

Osterei

- Blau soft
- Lila soft
- Rosa soft
- Wachsperlen in Lila, ø 4 mm

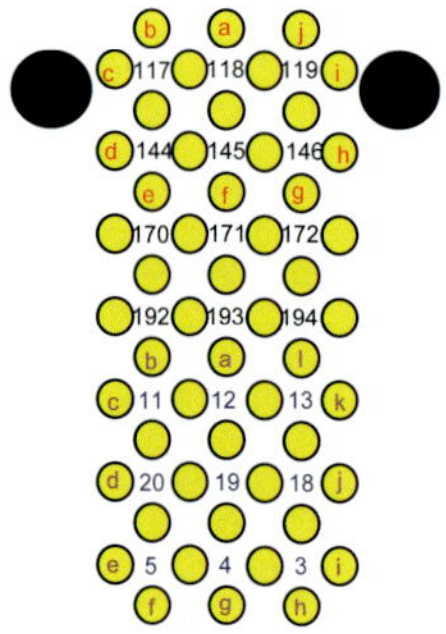

Orientierung

Flügel

Oberseite

Unterseite

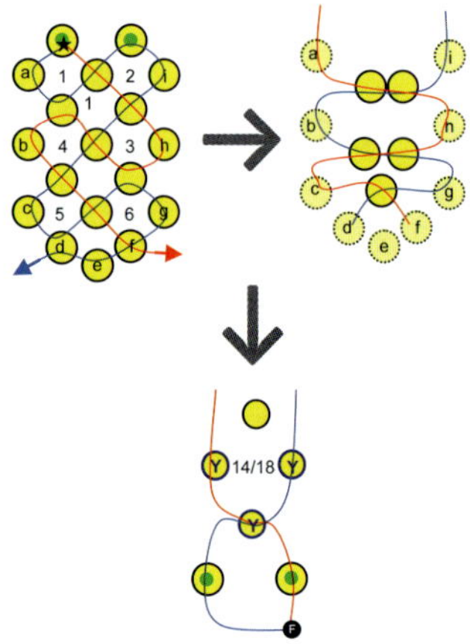

Anbringung der Flügel an den Körper

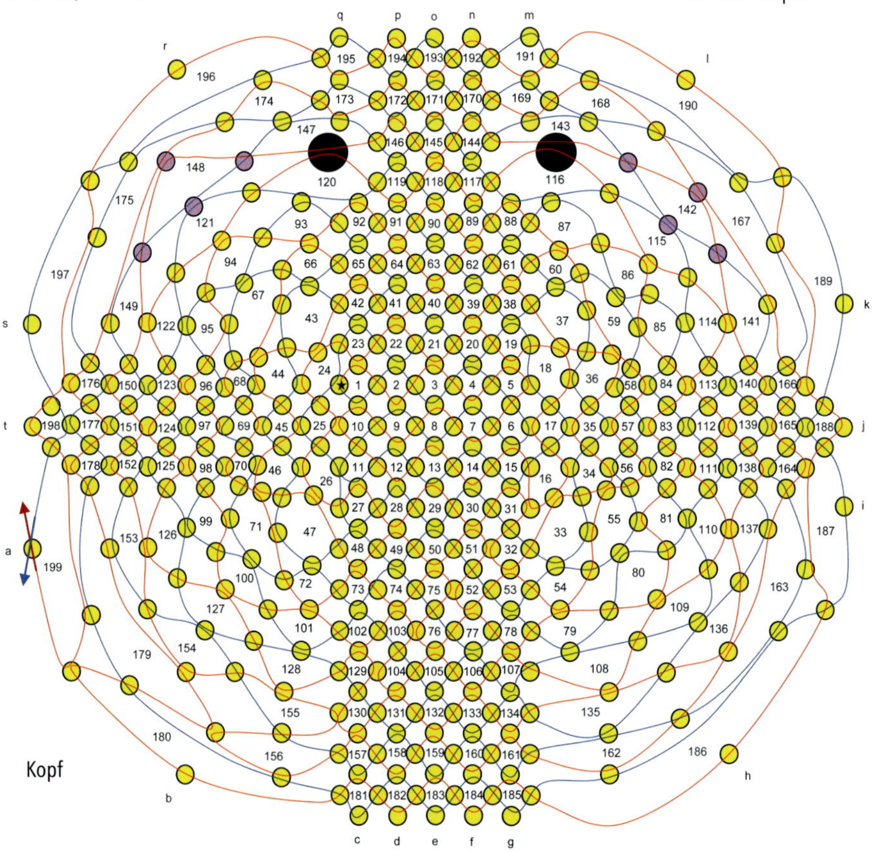

Kopf

Körper

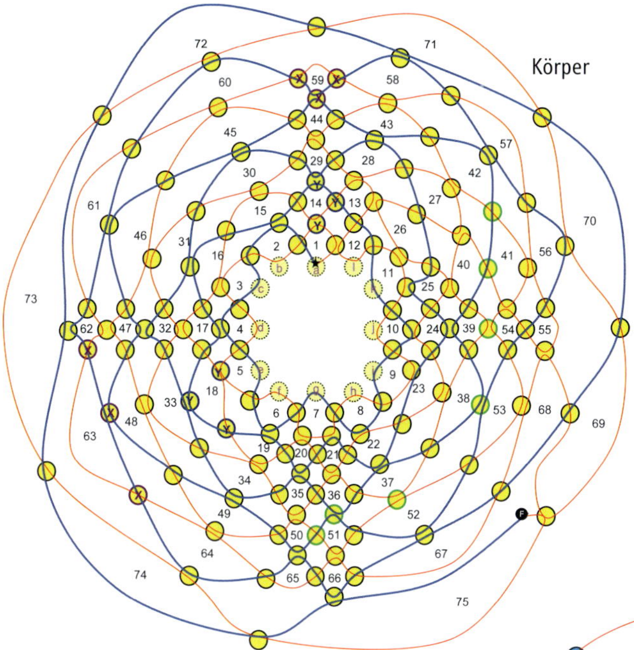

Kamm

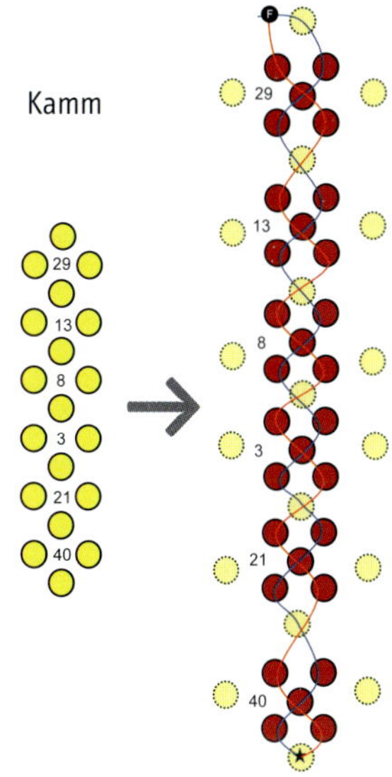

Füße

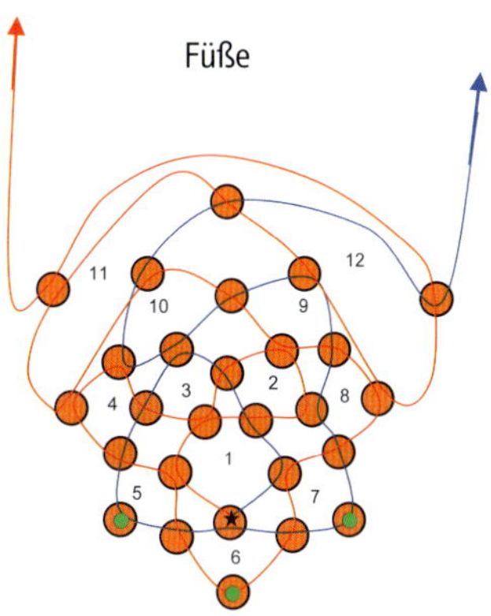

Osterei

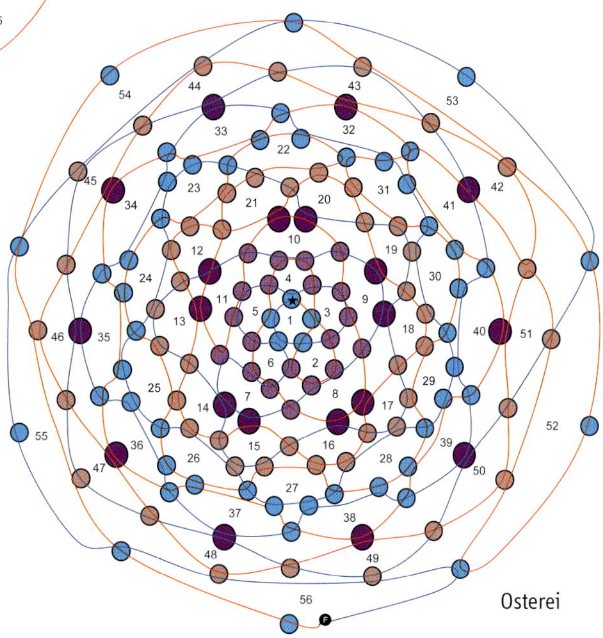

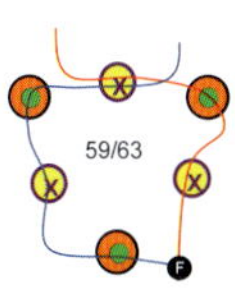

Anbringung der Füße an den Körper

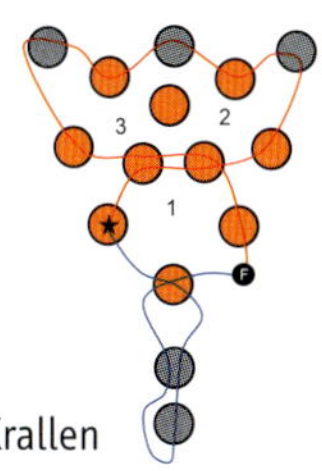

Krallen

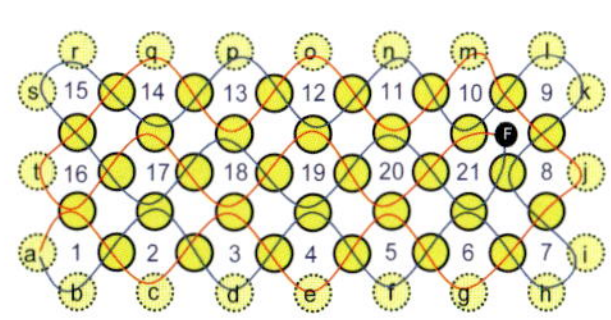

Unterseite Kopf

# Schwarzer Rabe

Seite 8

- Wachsperle in Schwarz, ø 6 mm
- Schwarz opak
- Grau satt
- Grau transparent

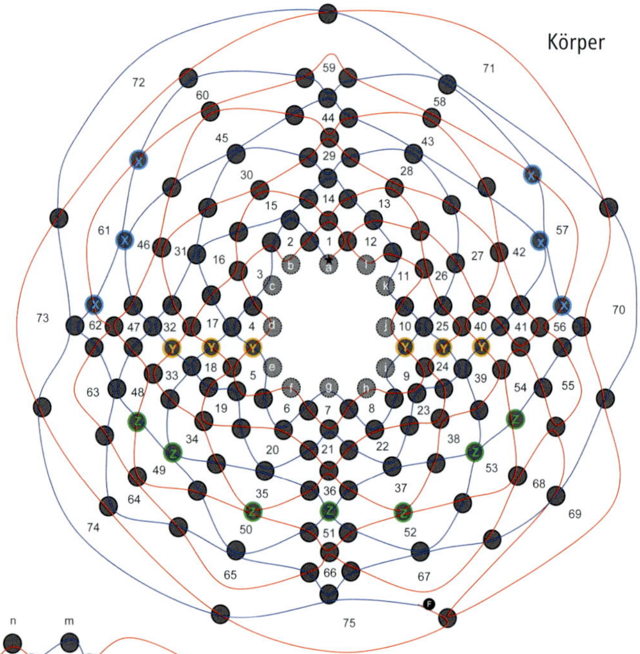

Körper

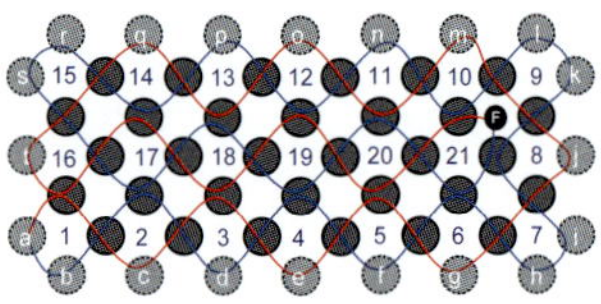

Unterseite Kopf

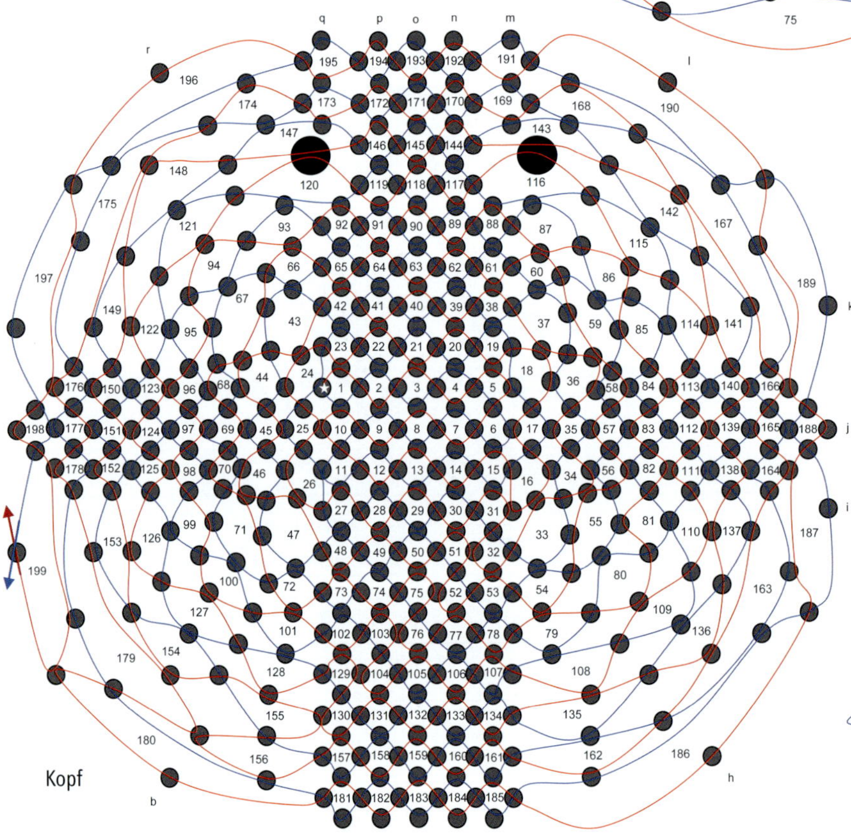

Kopf

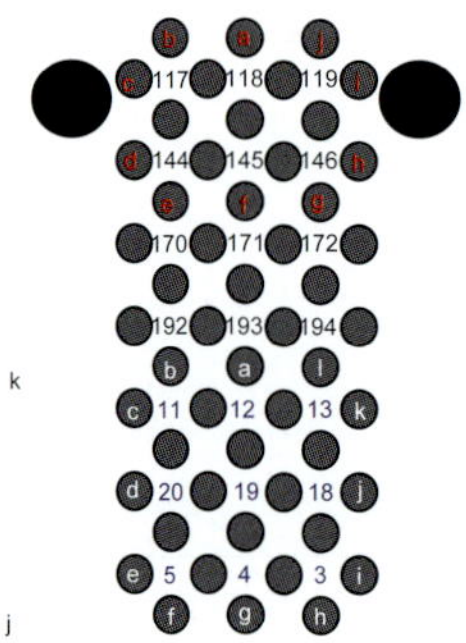

Orientierung

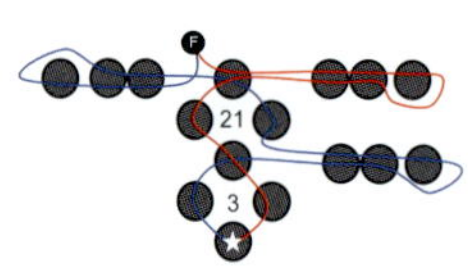

Kopffedern

Schnabel

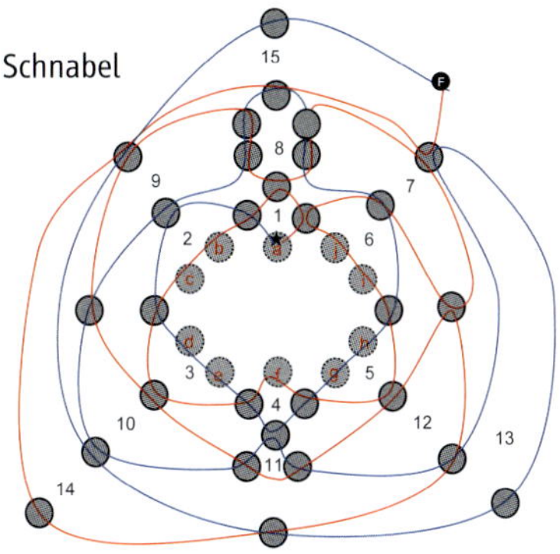

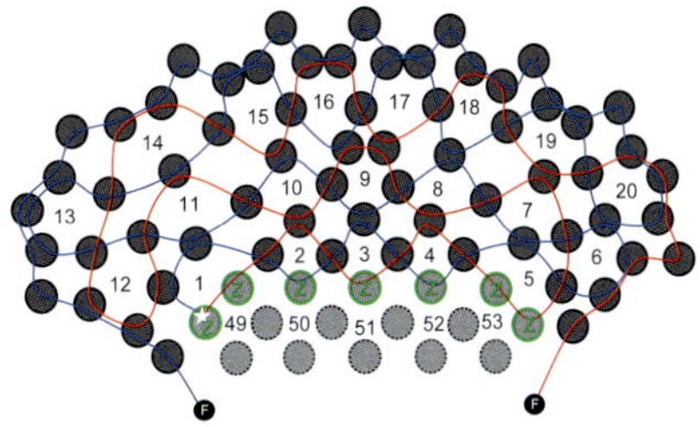

Schwanzfedern

## Glücksschweinchen

Seite 30

- Wachsperlen in Schwarz, ø 6 mm
- Rosa perlmutt
- Pink transparent
- Rosa alabaster
- Schwarz opak
- Wachsperle in Rot, ø 4 mm
- Grün transparent
- Gelb transparent

Hufeisen mit Kleeblatt

- Grau mit Silbereinzug
- Grün transparent

Schwanz

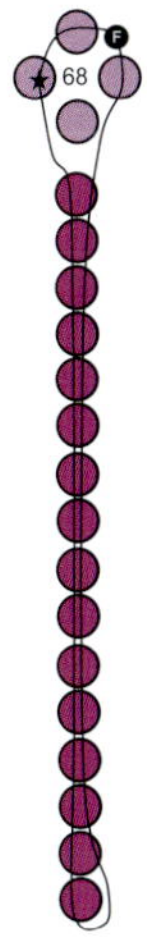

Körper

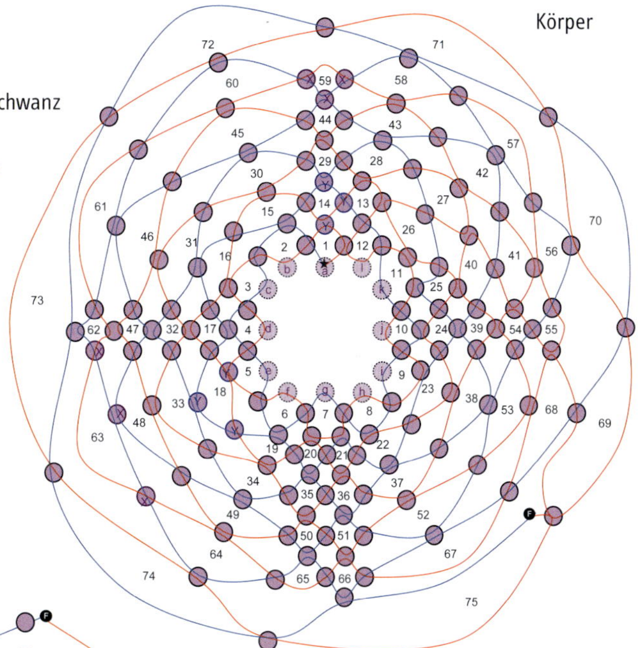

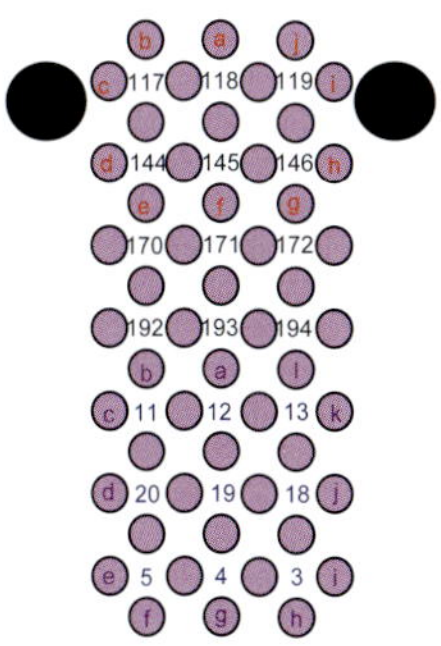

Orientierung

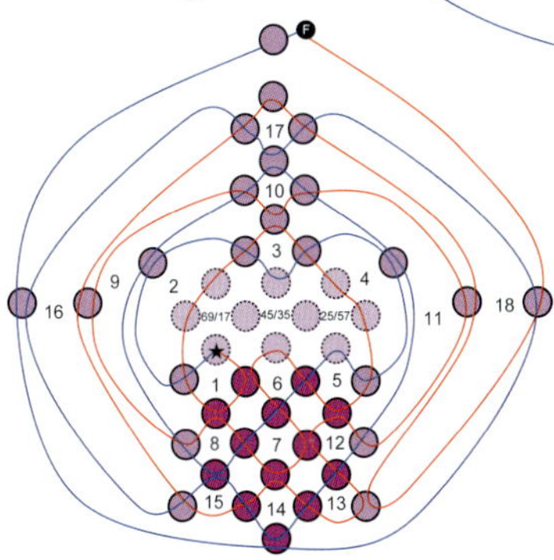

Ohren

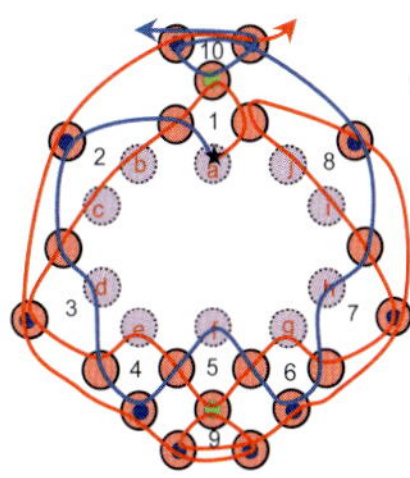

Nase

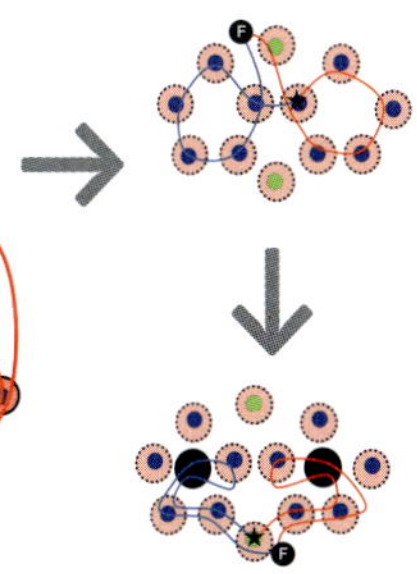

Nase verschließen

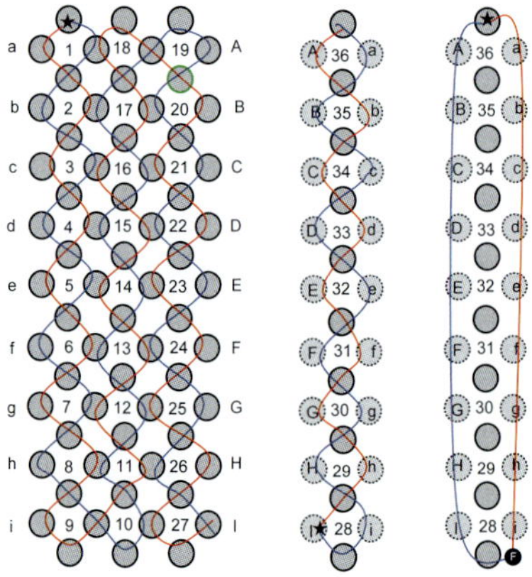

Hufeisen

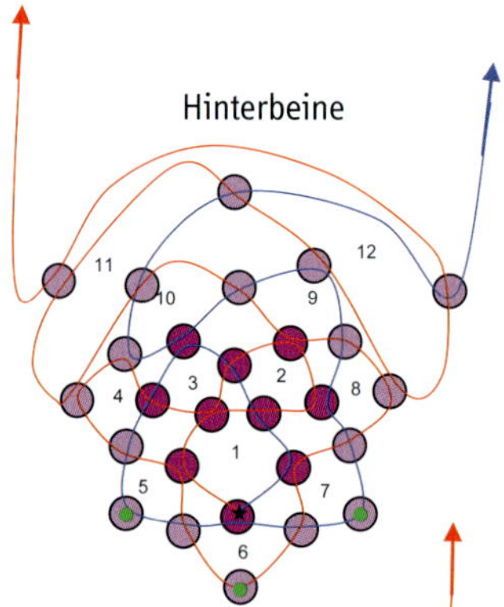

Hinterbeine

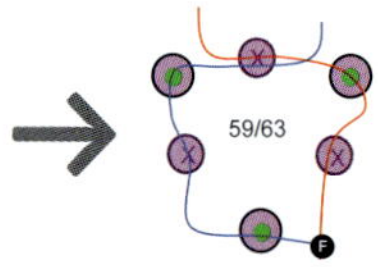

Anbringung der Hinterbeine an den Körper

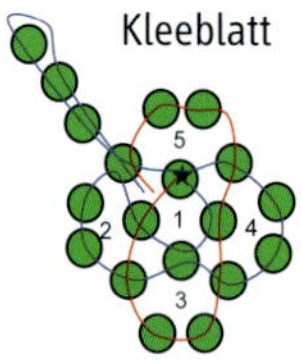

Kleeblatt

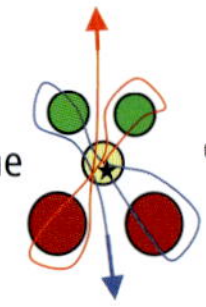

Kirsche

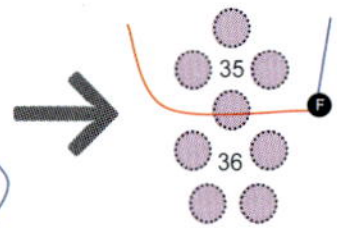

Anbringung der Kirsche am Ohr

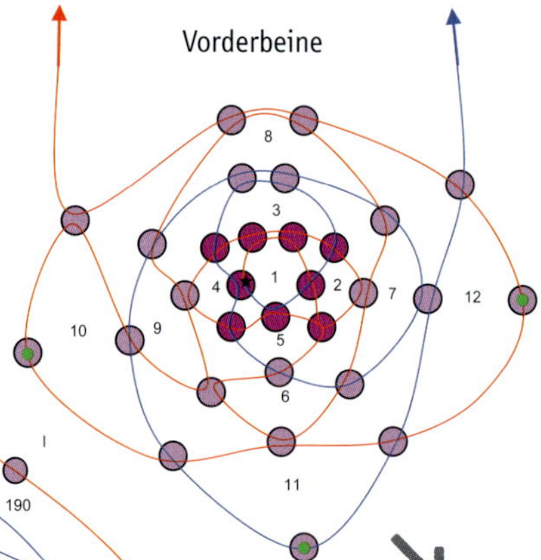

Vorderbeine

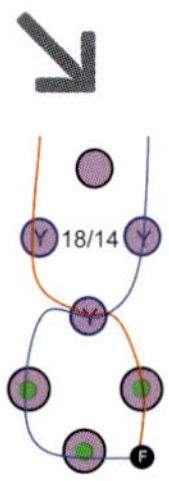

Anbringung der Vorderbeine an den Körper

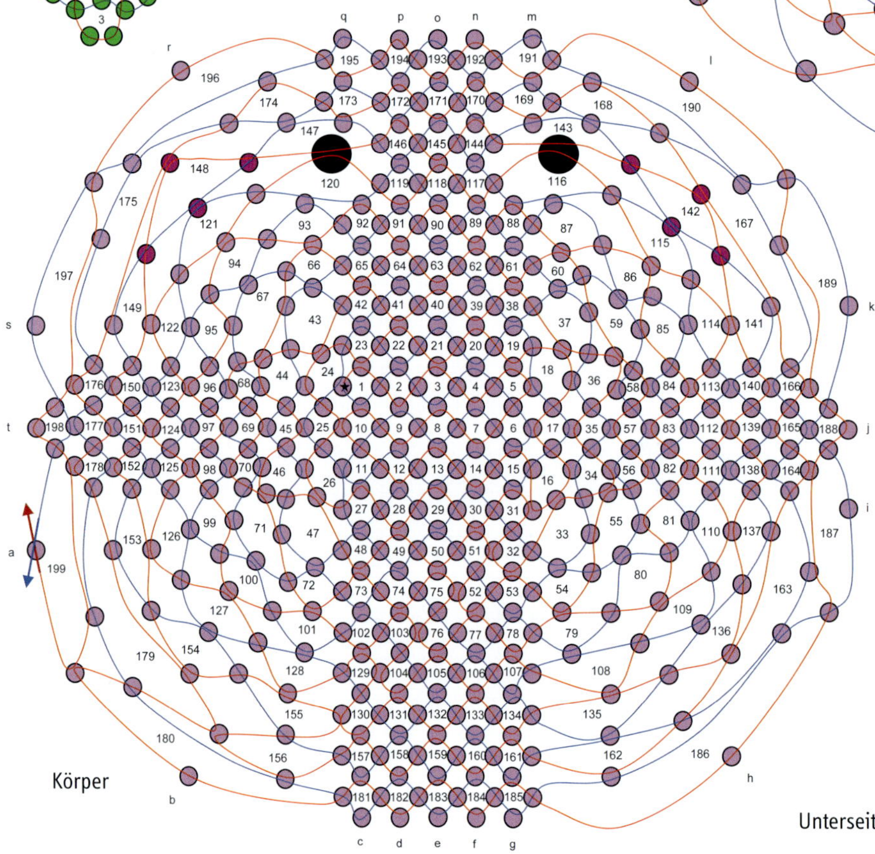

Körper

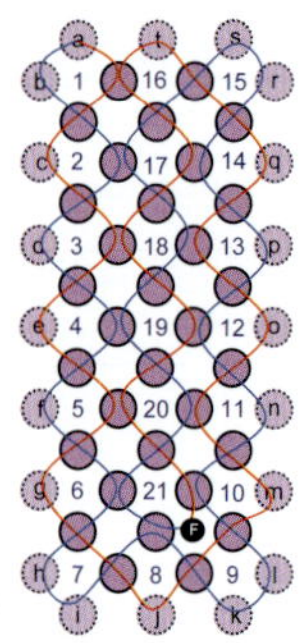

Unterseite Kopf

# Knuffiges Nashorn

Seite 10

- Wachsperlen in Schwarz, ø 6 mm
- Grau meliert
- Rosa alabaster
- Grau transparent matt
- Delica Beads in Schwarz matt, ø 2 mm

Körper

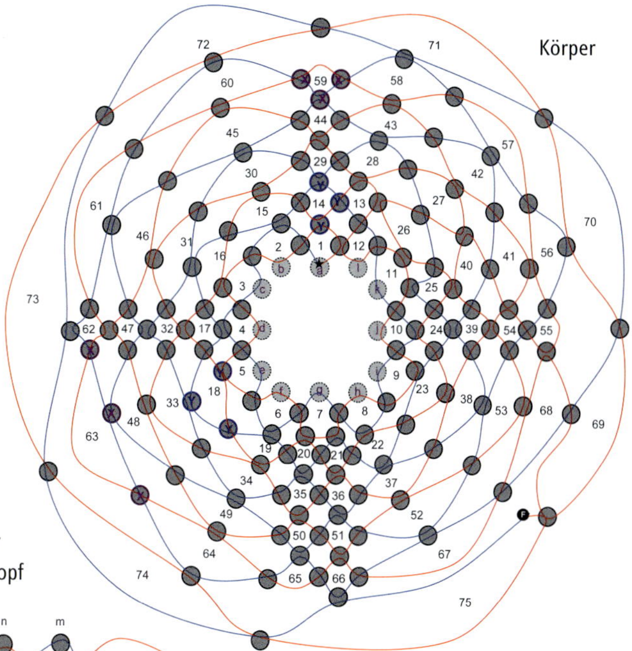

Ohren

Unterseite

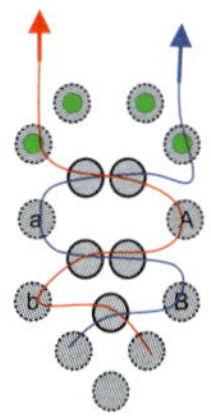

Oberseite

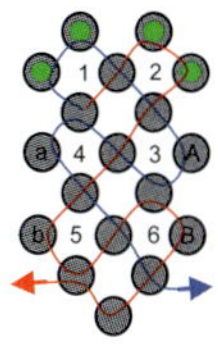

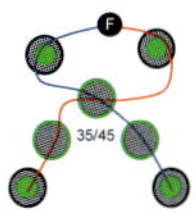

Anbringung der Ohren an den Kopf

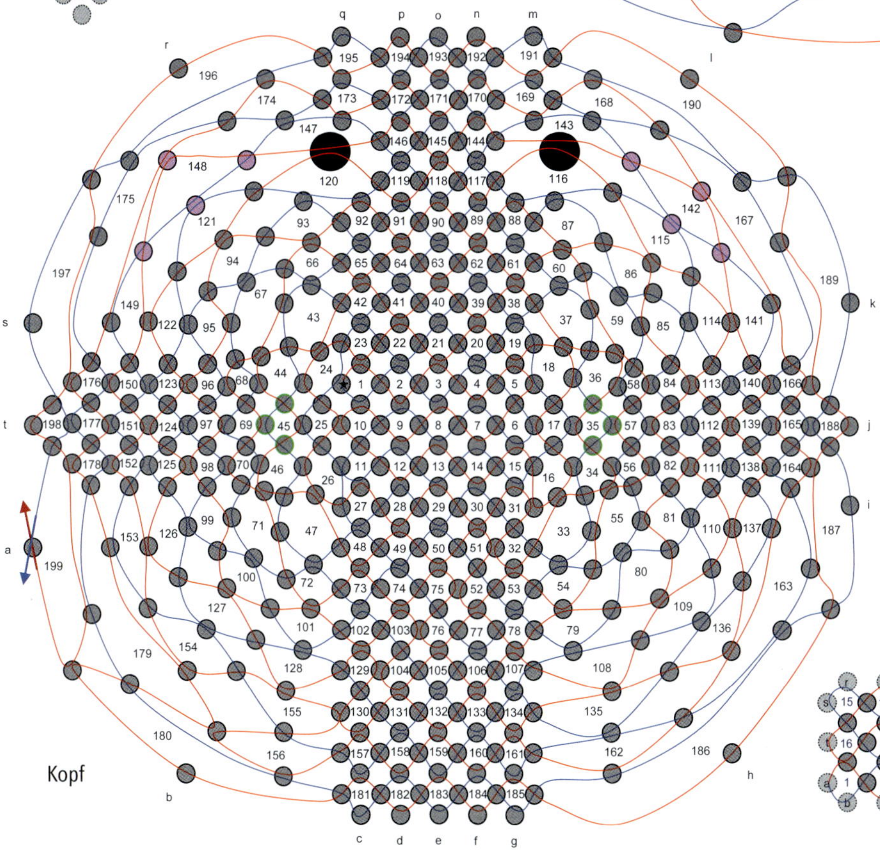

Kopf

Orientierung

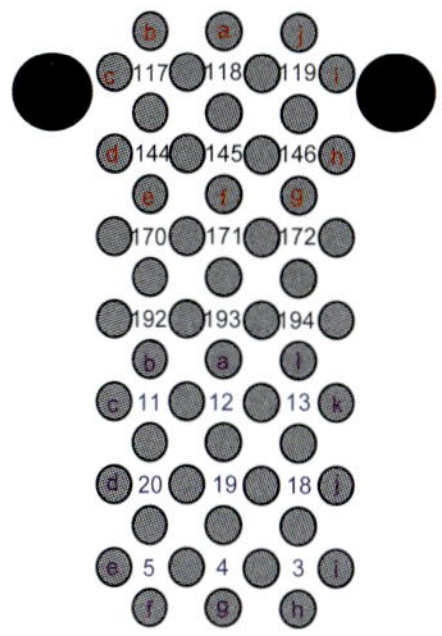

Unterseite Kopf

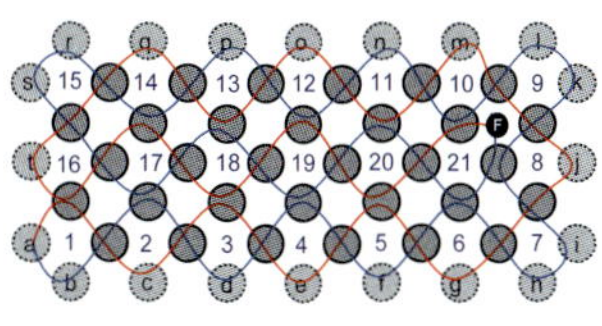

Nase

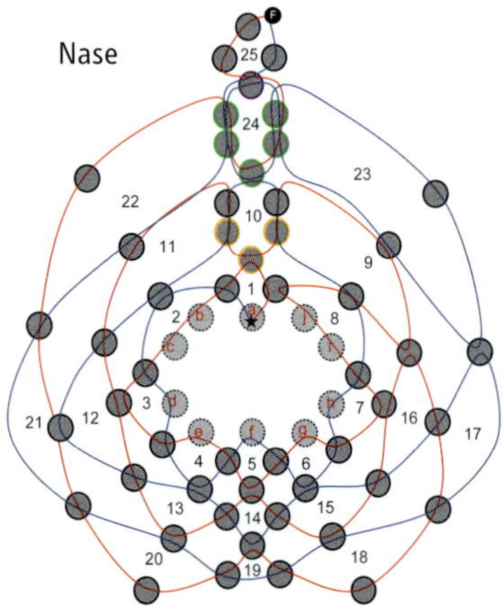

großes Horn

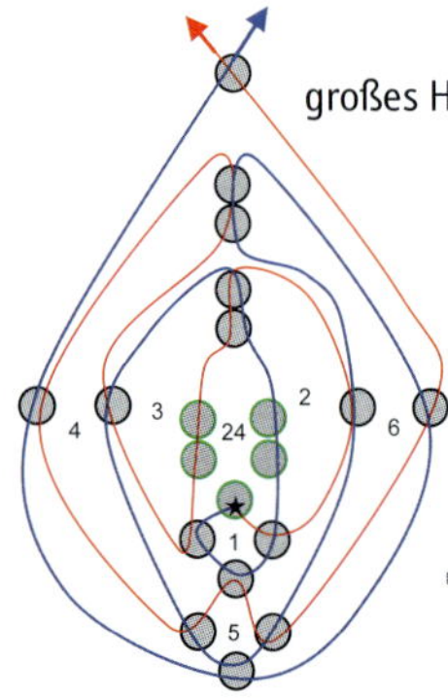

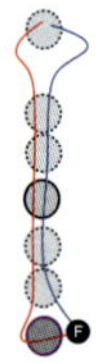

Vorderansicht großes Horn

kleines Horn

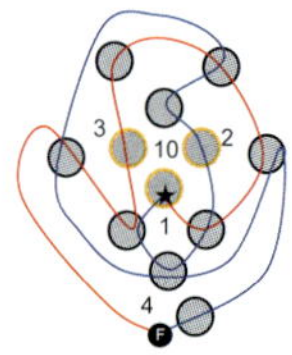

Nasenlöcher

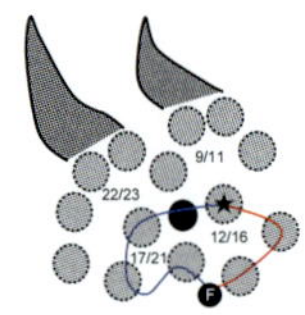

## Valentinsbärchen

Seite 24

- Wachsperlen in Schwarz, ø 6 mm
- Wachsperlen in Braun, ø 4 mm
- Wachsperlen in Rot, ø 4 mm
- Rehbraun
- Rosa alabaster
- Beige perlmutt
- Grün transparent
- Gelb transparent
- Delica Beads in Schwarz matt, ø 2 mm

Herz

- Karminrot

Orientierung

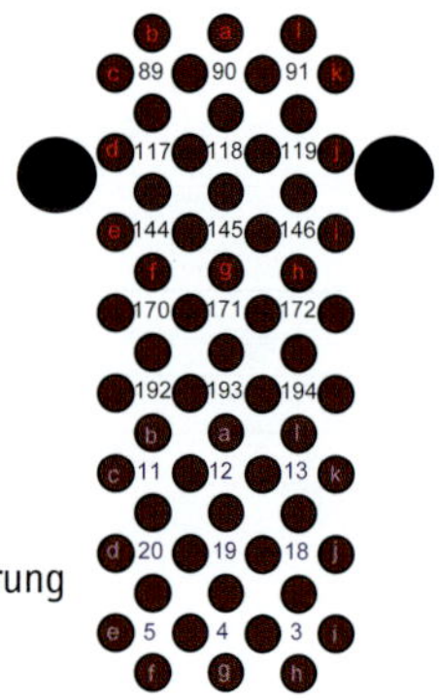

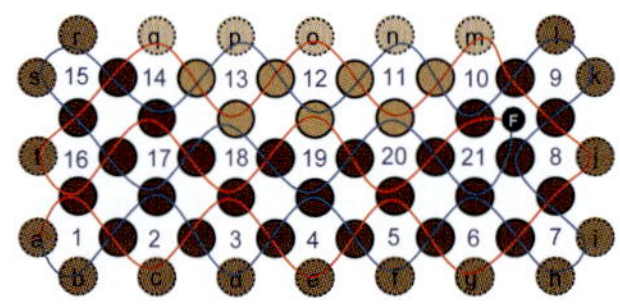

Unterseite Kopf

Verbindung der beiden Herzteile

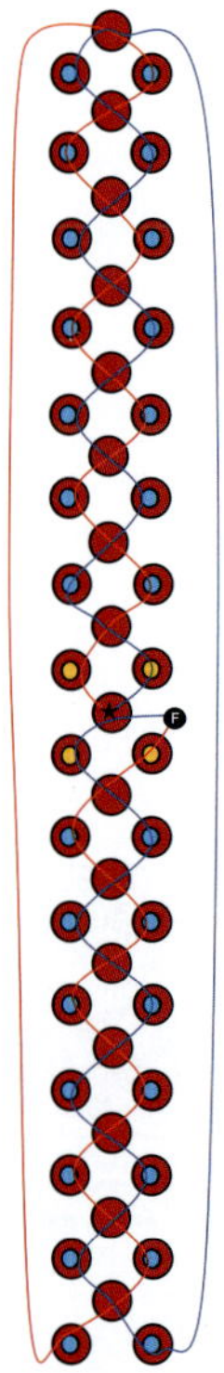

Schwanz

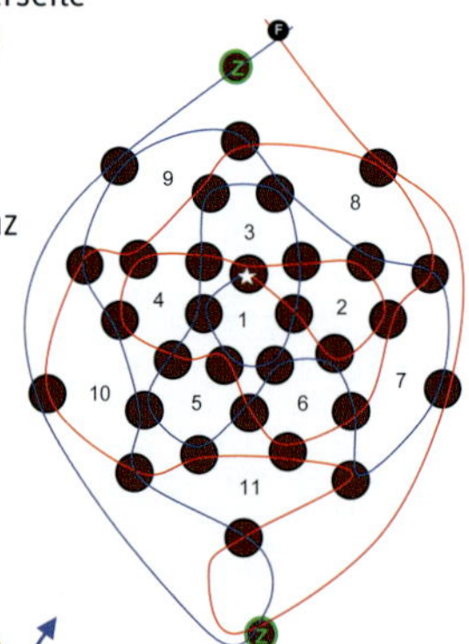

Schnauze

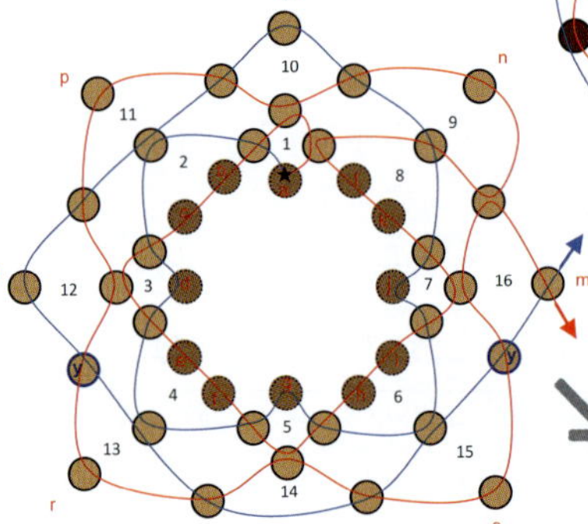

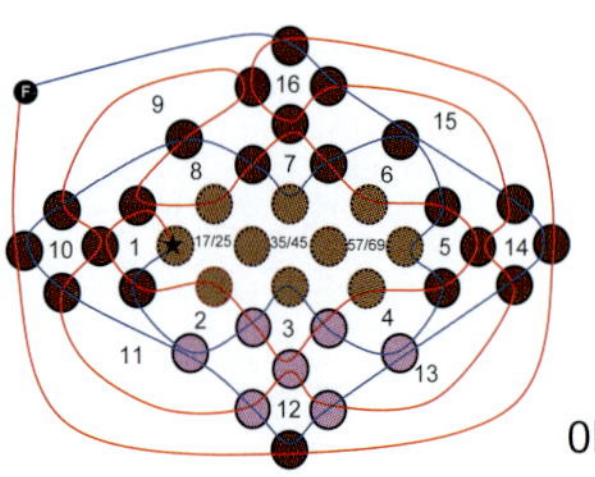

Ohren

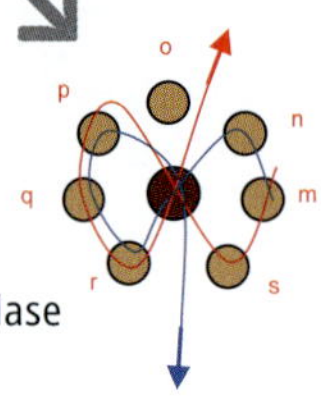

Nase

Mäulchen

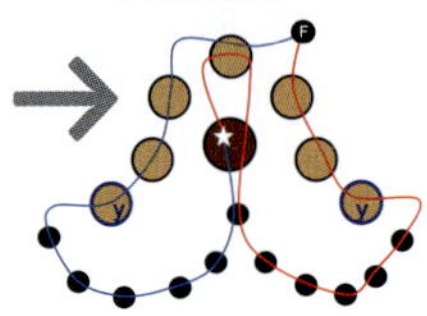

Hinterbeine

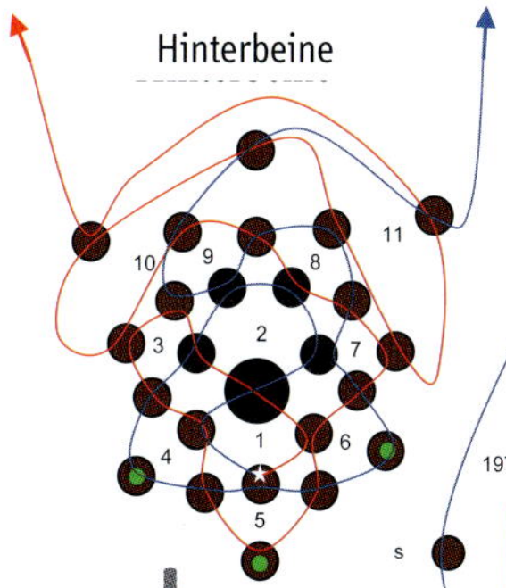

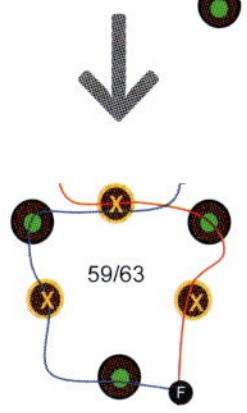


Anbringung der Hinterbeine an den Körper

Kopf

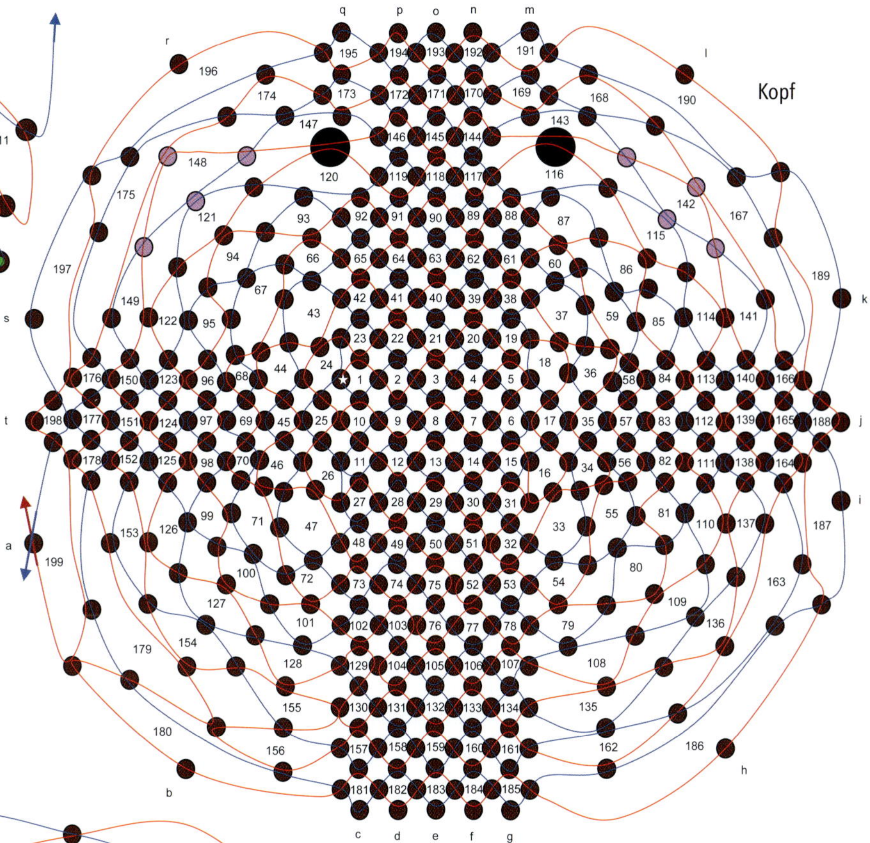

Kirsche

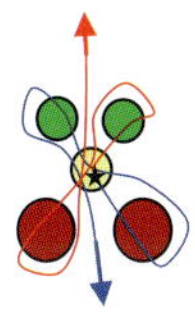

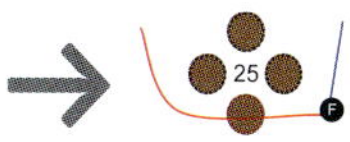

Anbringung der Kirsche an den Kopf

Körper

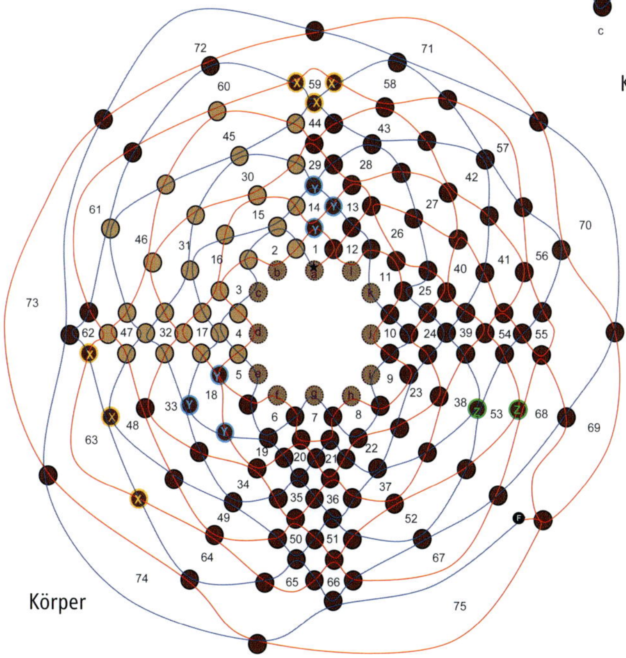

Vorderbeine

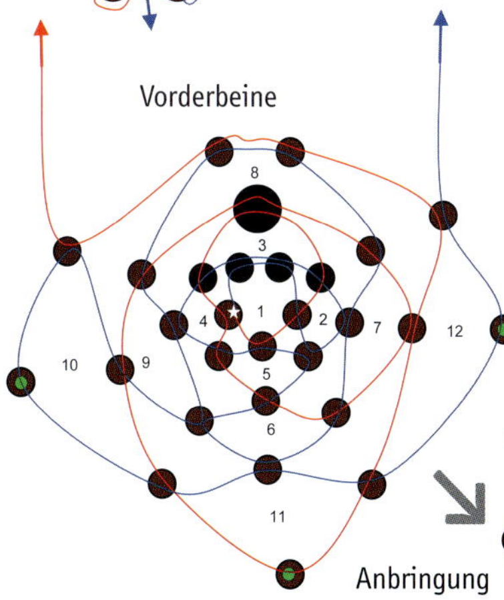

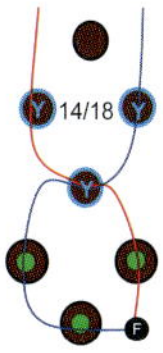


Anbringung der Vorderbeine an den Körper

# Weihnachtshasi

Seite 28

- Wachsperlen in Schwarz, ø 6 mm
- Wachsperlen in Rosa, ø 4 mm
- Wachsperlen in Rot, ø 4 mm
- Wachsperle in Weiß, ø 4 mm
- Apricot transparent
- Rosa alabaster
- Weiß alabaster
- Karminrot transparent
- Grün transparent
- Delica Beads in Schwarz matt, ø 2 mm

Zuckerstange

- Karminrot
- Weiß perlmutt
- Weiß perlmutt, ø 2 mm

Kirsche

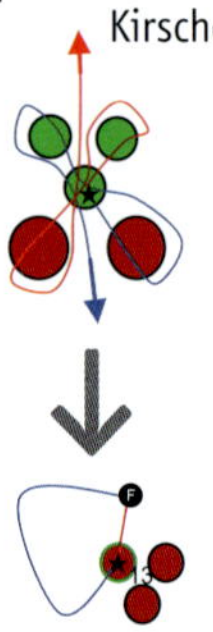

Anbringung der Kirsche ans Ohr

Körper

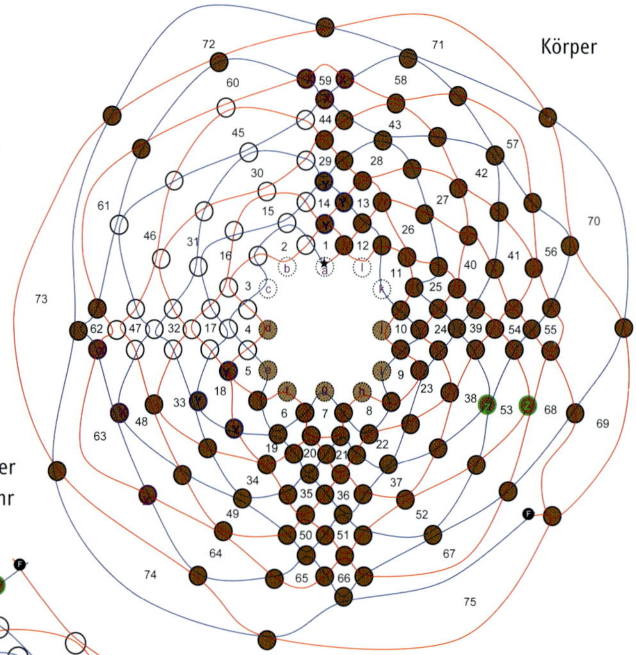

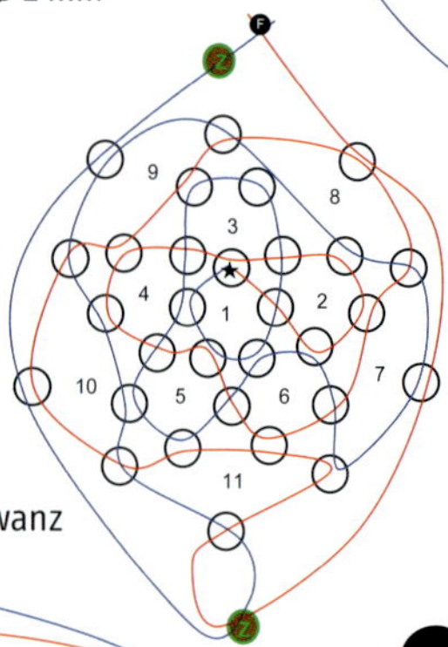

Schwanz

Zuckerstangen-Ohr

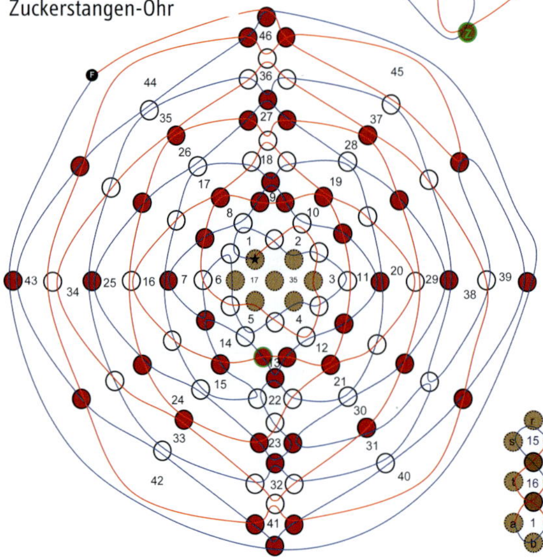

Orientierung

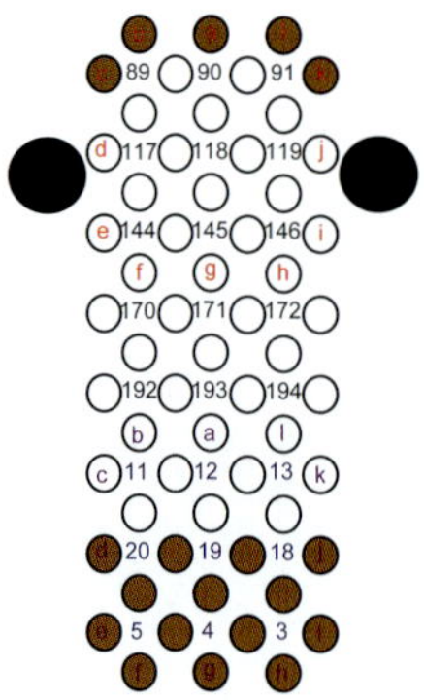

Zuckerstange

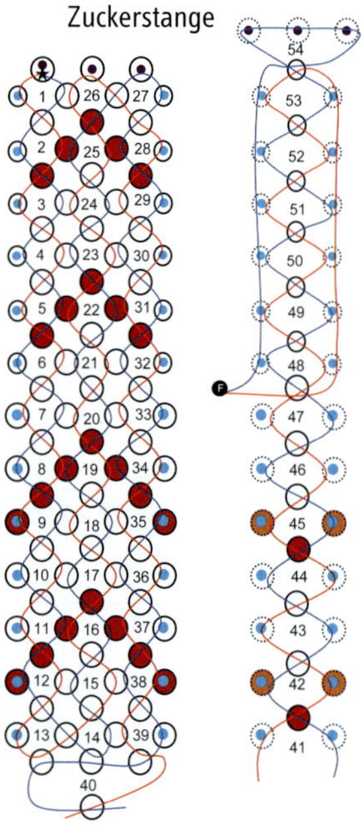

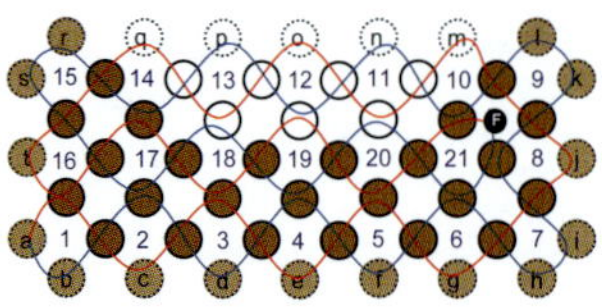

Unterseite Kopf

Mütze Teil 1

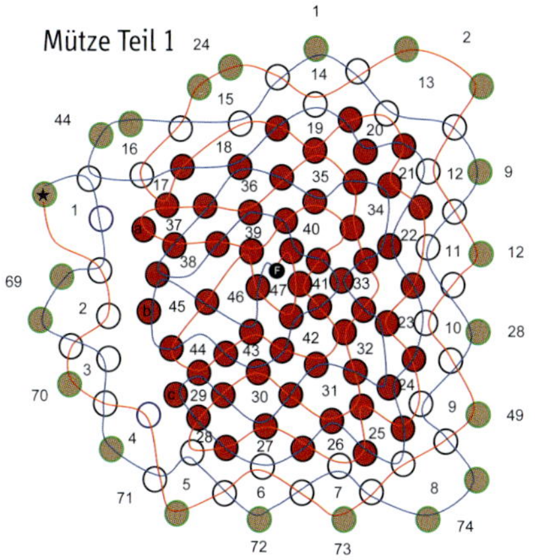

Schnauze

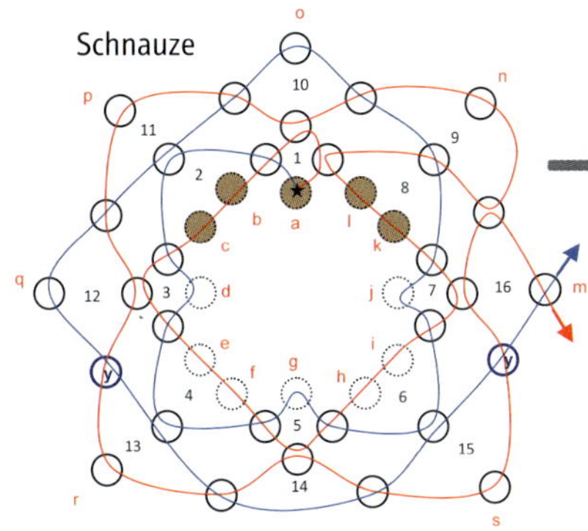

Nase

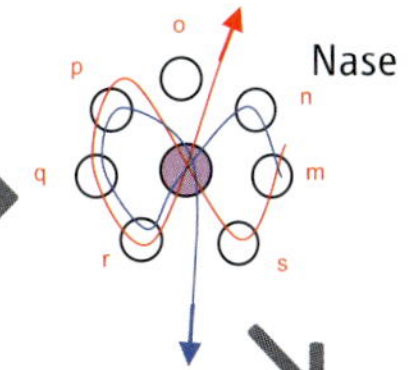

Mäulchen

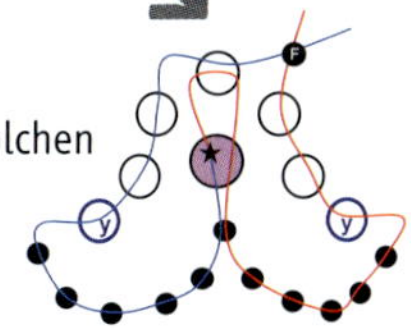

Mütze Teil 2

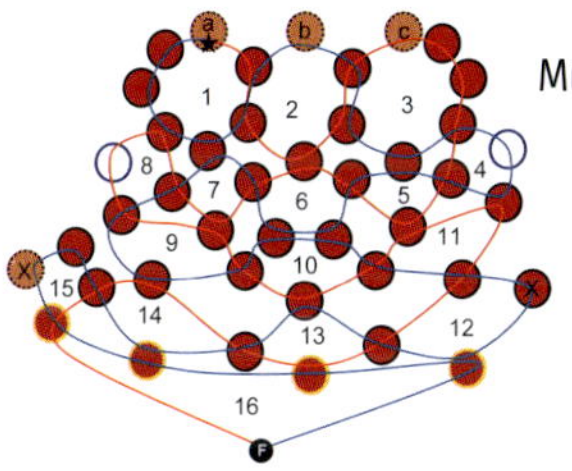

Bommel

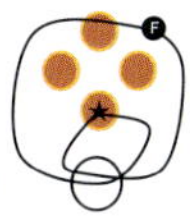

Anbringung der Vorderbeine an den Körper

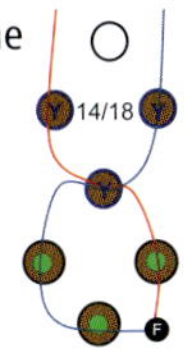

Vorderbeine

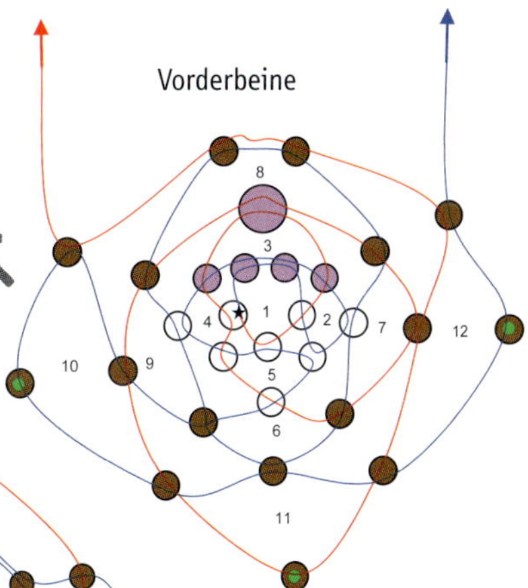

Kopf

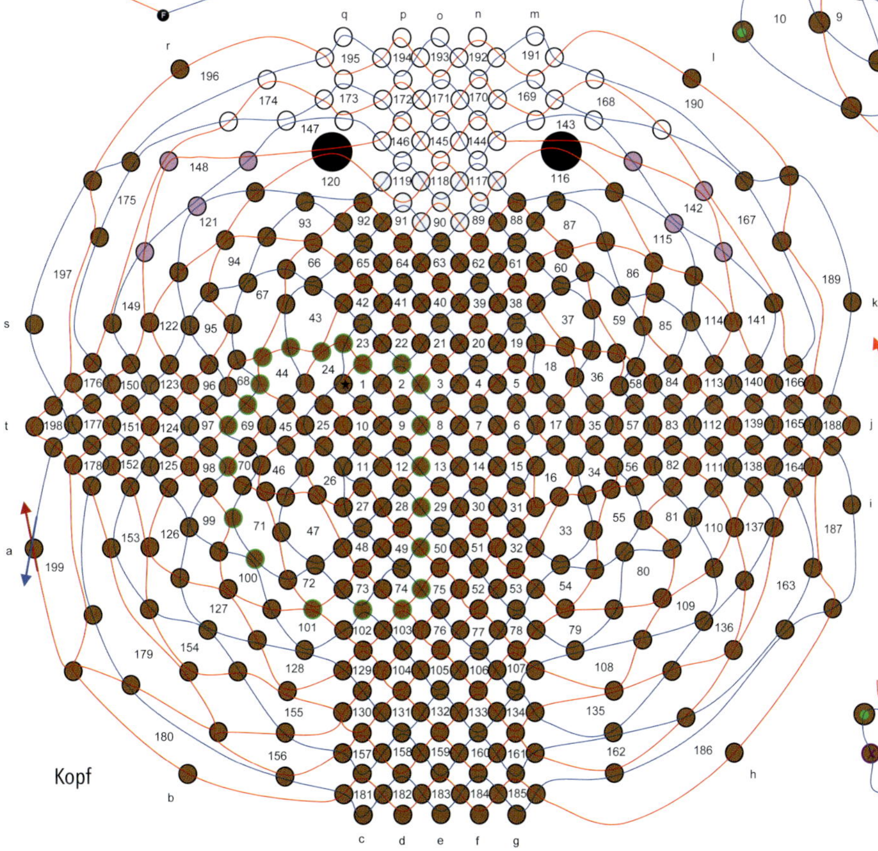

Hinterbeine

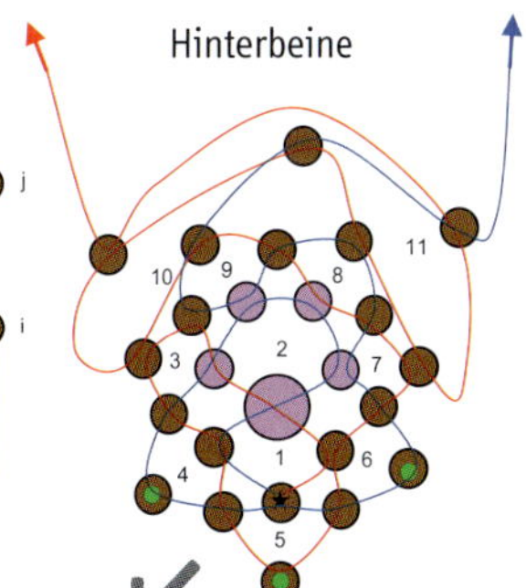

Anbringung der Hinterbeine an den Körper

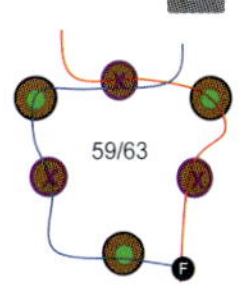

# Pinguin

Seite 22

- Wachsperlen in Schwarz, ø 6 mm
- Schwarz opak
- Rosa alabaster
- Orange transparent
- Weiß alabaster

Körper

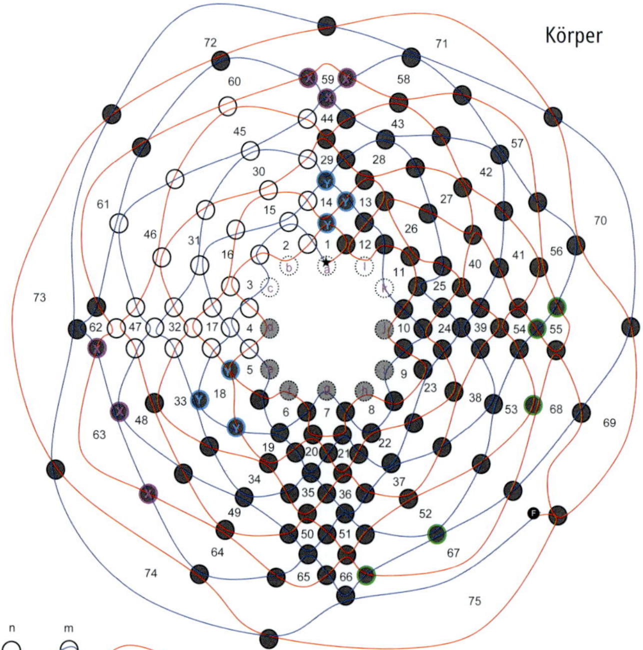

Flügel

Oberseite Unterseite

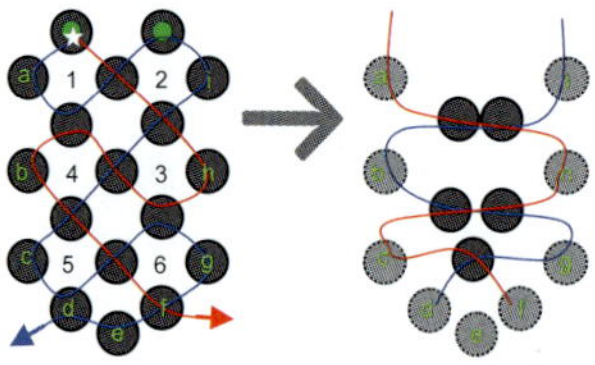

Anbringung der Flügel an den Körper

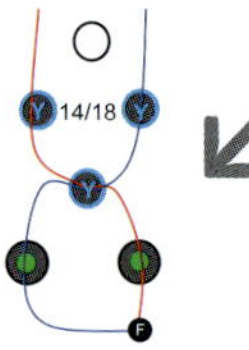

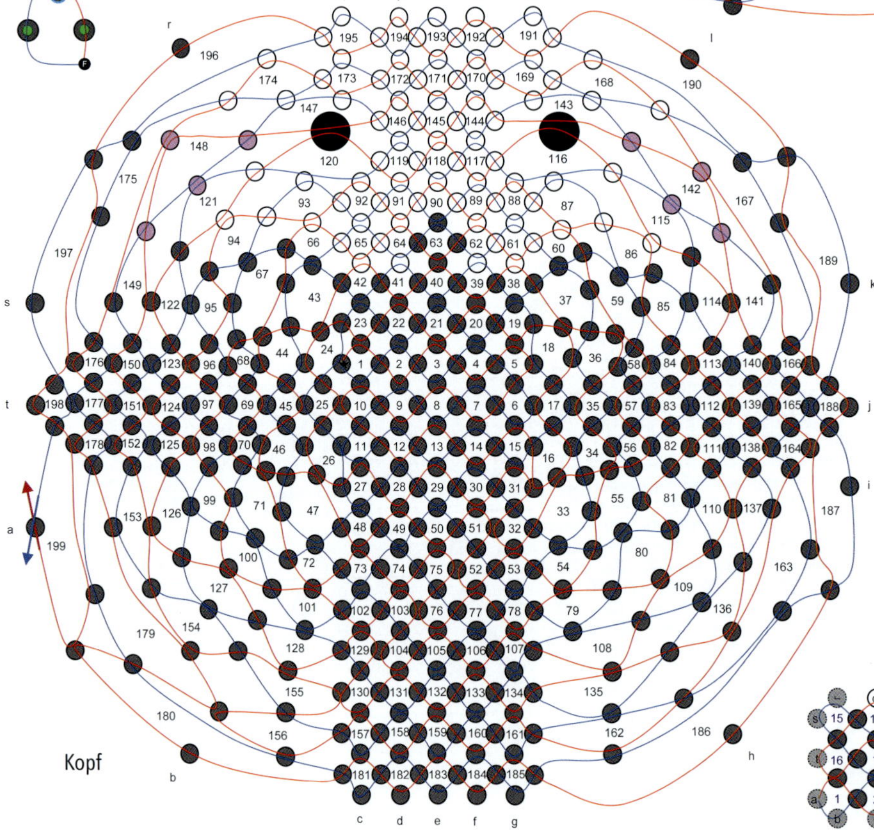

Kopf

Unterseite Kopf

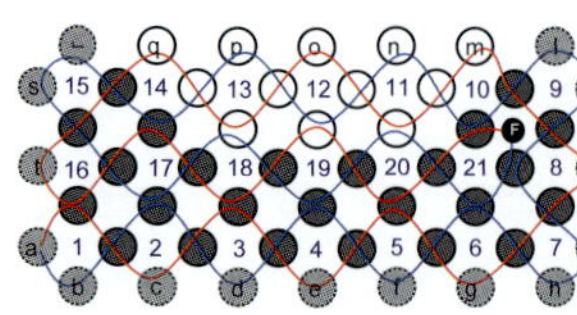

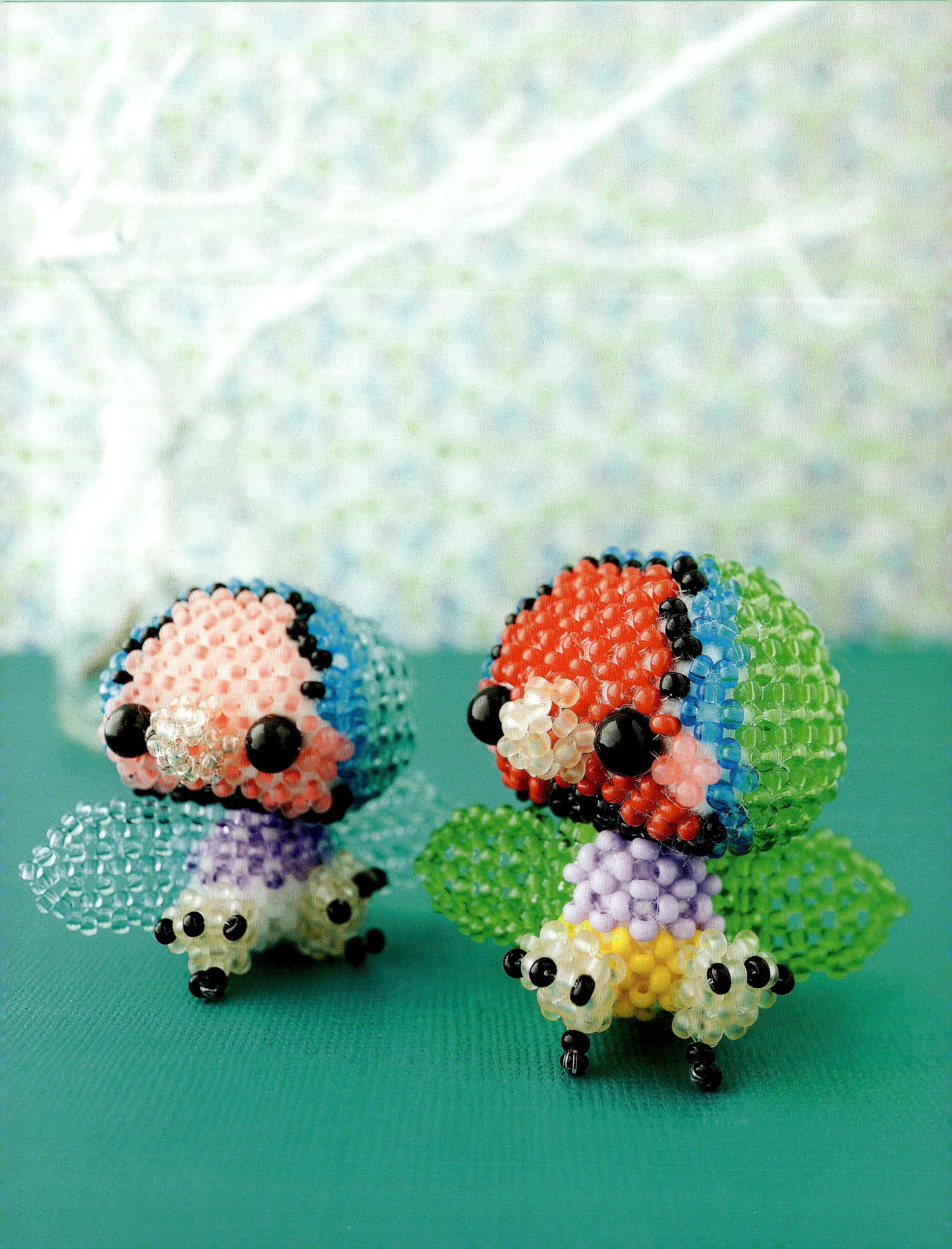

# Niedlicher Hund

## treuer Freund

**MOTIVHÖHE**
ca. 4 cm

**MATERIAL**
- Rocailles in Sand transparent, ø 2,6 mm
- Rocailles in Rosa alabaster, ø 2,6 mm
- Rocailles in Weiß alabaster, ø 2,6 mm
- Rocailles in Rehbraun transparent, ø 2,6 mm
- Rocailles in Karminrot transparent, ø 2,6 mm
- 11 Delica Beads in Schwarz matt, ø 2 mm
- 4 Wachsperlen in Dunkelbraun, ø 4 mm
- Wachsperle in Hellbraun, ø 4 mm
- 2 Wachsperlen in Schwarz opak, ø 6 mm
- Nylonfaden, ø 0,25 mm, ca. 280 cm (Kopf), 160 cm (Körper), 2 x 60 cm (Ohren), 40 cm (Schwanz) und 4 x 30 cm (Vorder- und Hinterbeine)
- Watte zum Füllen

**FÄDELSKIZZEN**
Skizzenheft Seite 10/11

**1** Fädeln Sie als Erstes den Kopf des Hundes anhand der Skizze.

**2** Mit der Kopfunterseite wird der Kopf verschlossen. Fädeln Sie die Unterseite bis Kreis 16, stopfen Sie den Kopf fest mit Watte aus und beenden Sie die Unterseite.

**3** Die Schnauze nun direkt an die Punkte a–l (rot) des Kopfes fädeln. Vor dem Verschließen der Schnauze mit der Nase (siehe Skizze) die Schnauze noch mit etwas Watte ausstopfen. Bringen Sie dann noch das schwarze Mäulchen an, wie auf der Skizze zu sehen. Vergessen Sie dabei nicht, die Zunge einzuarbeiten. Das Mäulchen liegt eng an der Schnauze an, ist jedoch – außer an den Enden und in der Mitte – nicht mit der Schnauze verbunden.

**4** Fädeln Sie zwei Ohren und bringen Sie sie an den vorgesehenen Kreisen des Kopfes an, wie auf der Skizze gezeigt.

**5** Jetzt fädeln Sie den Körper. Er wird direkt an die Kopfperlen a–l (lila) angefädelt. Nach Kreis 68 wird der Körper mit Watte ausgestopft, dann fertiggestellt.

**6** Zwei Vorderbeine anhand der Skizze fädeln. Bringen Sie diese, wie in der Skizze gezeigt, rechts und links am Körper an, davon ein Mal seitenverkehrt. Die Fadenenden werden zum Befestigen genutzt.

**7** Die Hinterbeine fädeln und mit den Fadenenden rechts und links am Körper befestigen, wiederum ein Mal seitenverkehrt.

**8** Zum Schluss noch den Schwanz nach Skizze an Kreis 53 des Körpers anfädeln. Wuff!

Vorderbeine

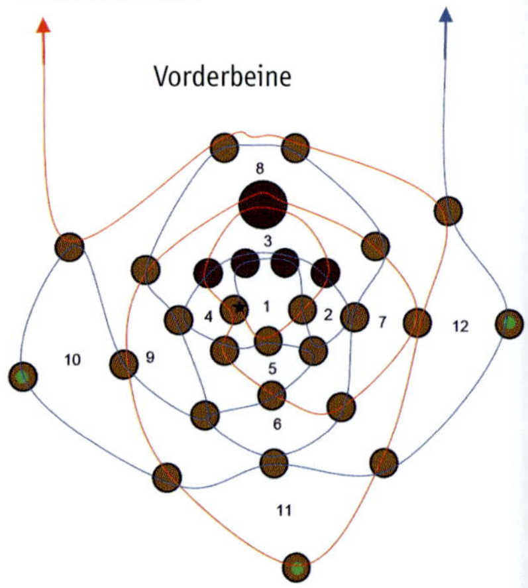

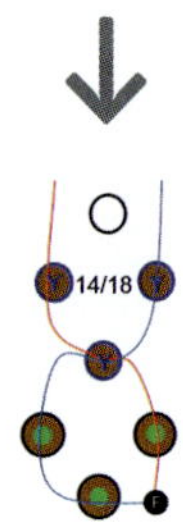


Anbringung an den Körper

Hinterbeine

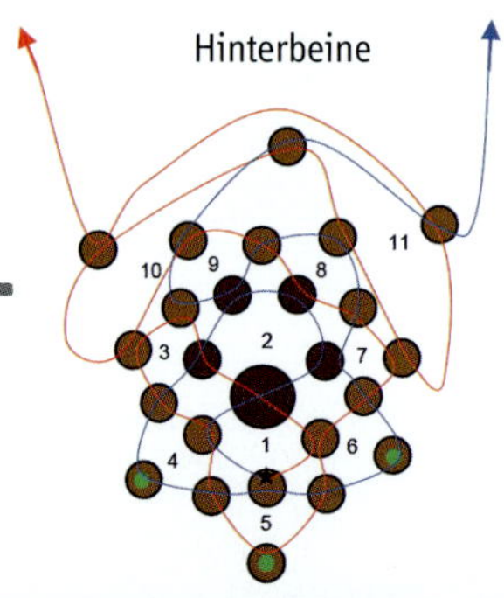

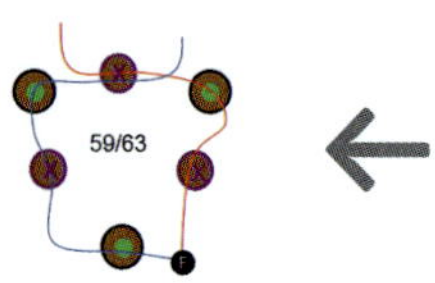


Anbringung an den Körper

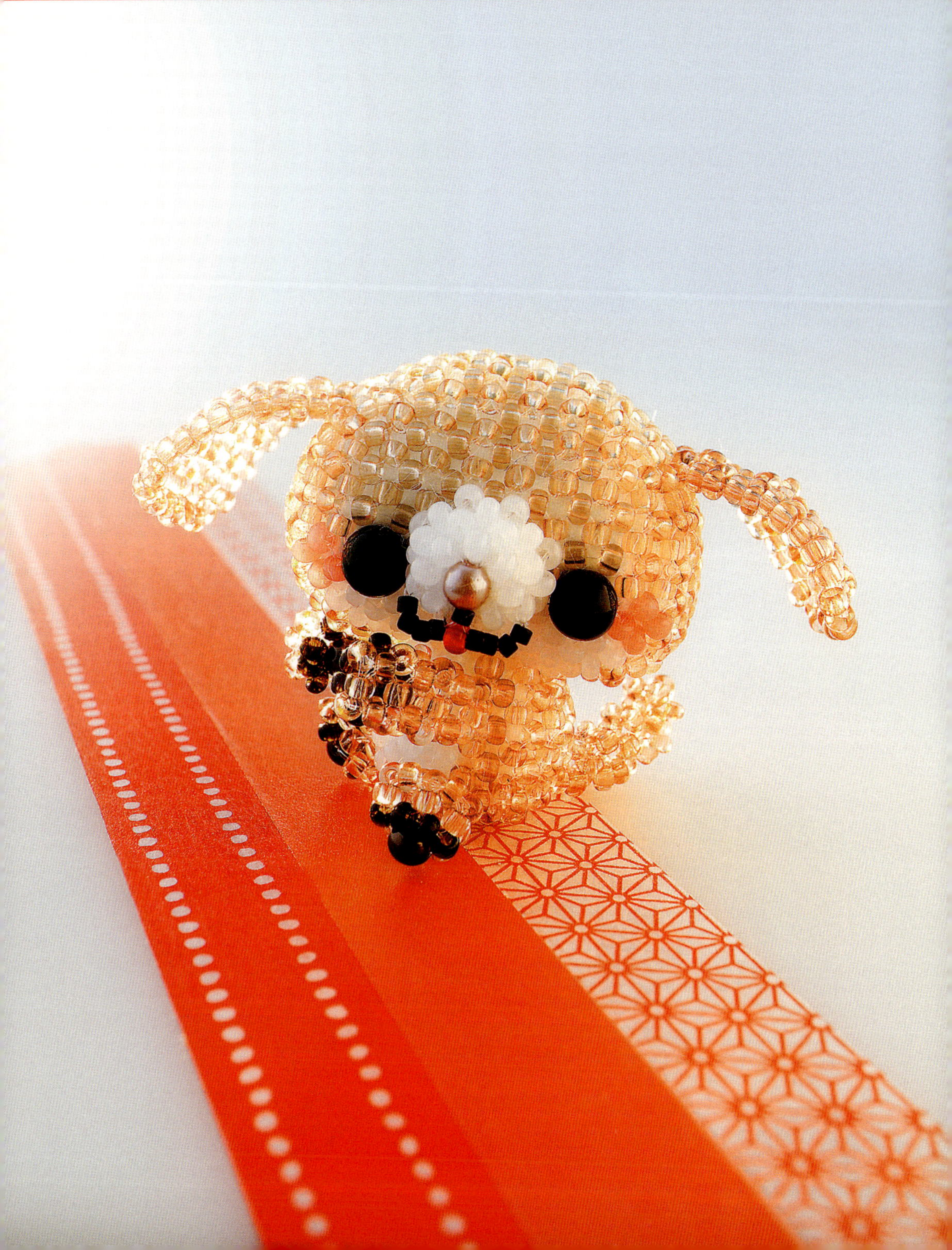

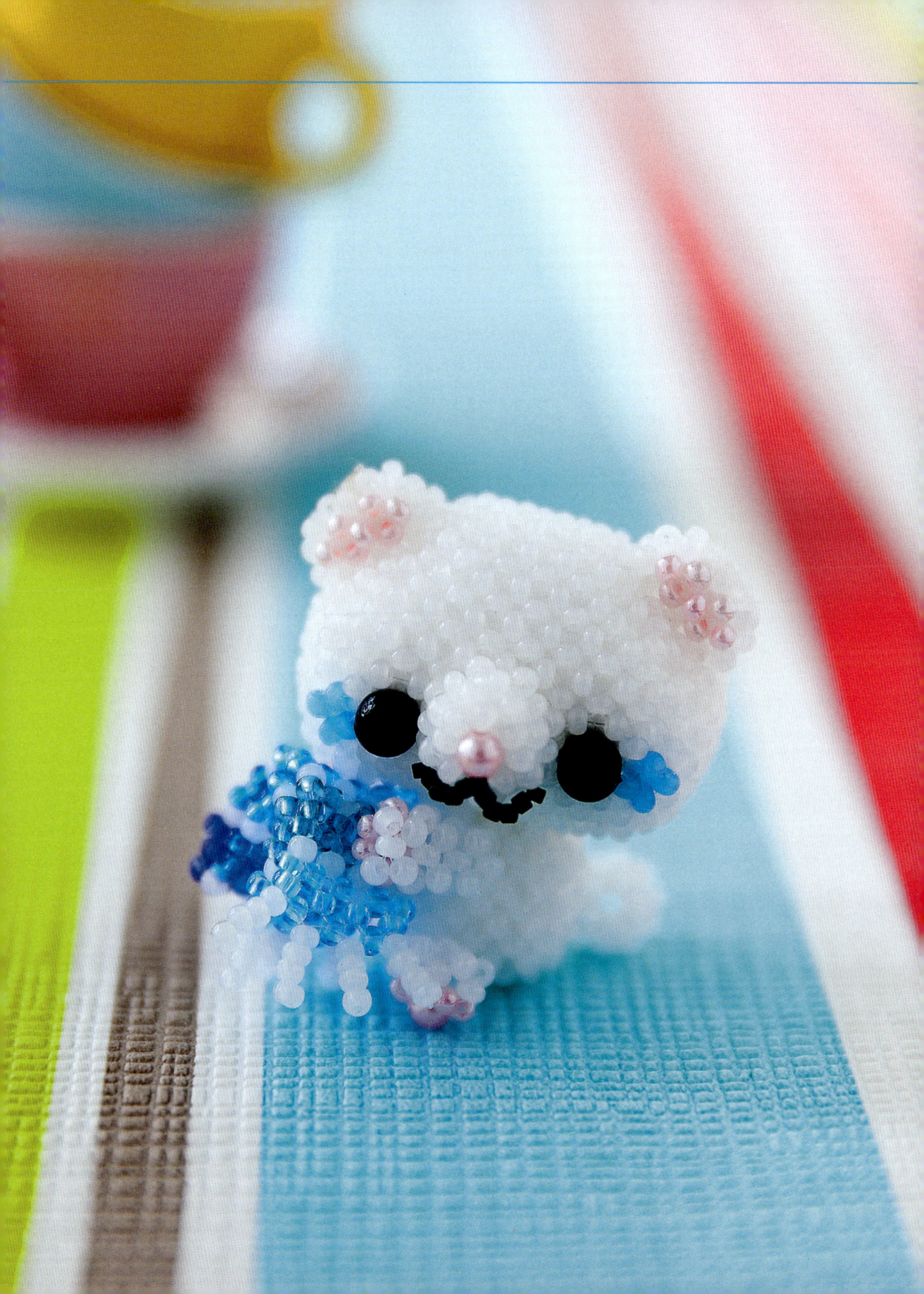

# Eisbärchen

## mit Schal gegen arktische Kälte

**MOTIVHÖHE**
ca. 4,3 cm

**MATERIAL**
**FÜR DEN EISBÄR**
- Rocailles in Weiß alabaster, ø 2,6 mm
- Rocailles in Blau alabaster, ø 2,6 mm
- Rocailles in Rosa perlmutt, ø 2,6 mm
- 11 Delica Beads in Schwarz matt, ø 2 mm
- 5 Wachsperlen in Rosa, ø 4 mm
- 2 Wachsperlen in Schwarz opak, ø 6 mm
- Nylonfaden, ø 0,25 mm, ca. 280 cm (Kopf), 160 cm (Körper) und 5 x 30 cm (Vorder- und Hinterbeine, Schwanz) lang
- Watte zum Füllen

**FÜR DEN SCHAL**
- Rocailles in Weiß alabaster, ø 2,6 mm
- Rocailles in Hellblau transparent, Himmelblau transparent, Eisblau transparent, Azur transparent und Kobaltblau transparent, ø 2,6 mm
- Nylonfaden, ø 0,25 mm, ca. 1 m lang

**FÄDELSKIZZEN**
Skizzenheft Seite 4/5

1 Zuerst wird der Bär angefertigt. Beginnen Sie mit dem Kopf, den Sie nach Fädelskizze bis Kreis 199 fädeln.

2 Schließen Sie den Kopf, indem Sie die Kopfunterseite bis Kreis 16 fädeln. Füllen Sie dann den Kopf prall mit Watte und beenden Sie die Unterseite, wobei Sie den Kopf schließen.

3 An die Perlen a–l (rot) nun die Schnauze anfädeln. Die Schnauze mit etwas Watte füllen und nach Skizze mit der Nase verschließen. Anschließend noch das Mäulchen laut Skizze anbringen. Das Mäulchen liegt eng an der Schnauze an, es ist jedoch – außer an den Enden und in der Mitte – nicht mit der Schnauze verbunden.

4 Fädeln Sie zwei Ohren an den auf der entsprechenden Skizze angegebenen Kreisen des Kopfes an.

5 Nun den Körper an den Kopf anfädeln, beginnend bei den Perlen a–l (lila). Fädeln Sie den Körper anhand der Skizze bis Schritt 68, füllen Sie ihn dann fest mit Watte und beenden Sie ihn.

6 Anhand der Skizze die Vorder- und Hinterbeine je zwei Mal fädeln und mit den Fadenenden rechts und links am Körper befestigen, davon je ein Mal seitenverkehrt.

7 Den Schwanz fädeln Sie nach der Skizze als kleine Kugel und bringen ihn an den Perlen Z des Körpers an (Kreis 53).

## Schal

1 Den Schal im Zickzack anhand der Fädelskizze fertigen. Achten Sie besonders auf den Farbverlauf. Mit den Fadenenden zum Schluss den Saum des Schals und die Fransen als Perlenstäbe fädeln.

2 Falten Sie nun den Schal auf die Hälfte zusammen und verknoten Sie beide Fadenenden. Wiederholen Sie diesen Schritt. Dann das Schalpaket, wie es Ihnen am besten gefällt, an die Vordertatzen des Eisbären binden.

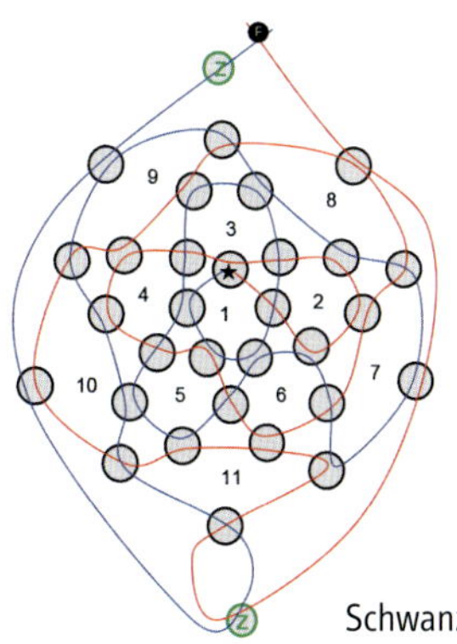


Schwanz

# Pinguin

## süßer Frackträger in Schwarz-Weiß

**MOTIVHÖHE**
ca. 4 cm

**MATERIAL**
- Rocailles in Schwarz opak, ø 2,6 mm
- Rocailles in Rosa alabaster, ø 2,6 mm
- Rocailles in Orange transparent, ø 2,6 mm
- Rocailles in Weiß alabaster, ø 2,6 mm
- 2 Wachsperlen in Schwarz opak, ø 6 mm
- Nylonfaden, ø 0,25 mm, ca. 280 cm (Kopf), 160 cm (Körper), 2 x 40 cm (Flügel) und 30 cm (Schwanz) lang
- Watte zum Füllen

**FÄDELSKIZZEN**
Skizzenheft Seite 24

Orientierung Kopf

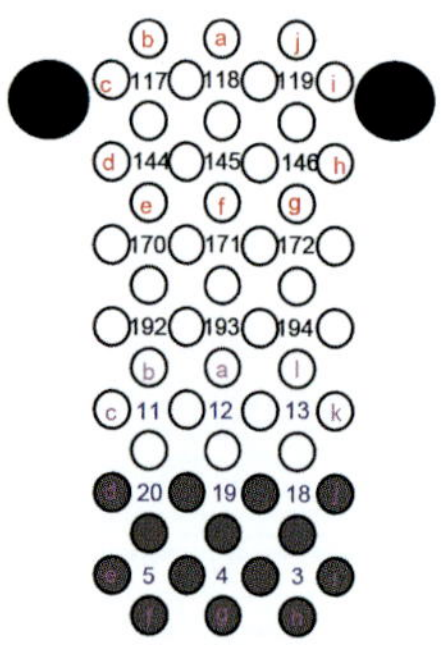

Schwanz

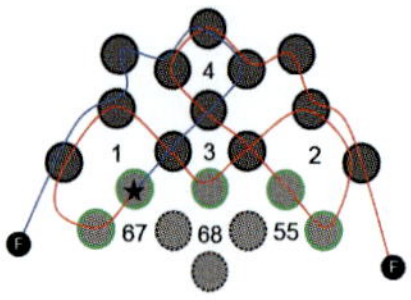

**1** Fädeln Sie den Kopf des Pinguins anhand der Skizze bis Schritt 199. Beachten Sie den Farbverlauf.

**2** Nun schließen Sie den Kopf mit der Kopfunterseite. Fädeln Sie diese nach Skizze bis Schritt 16, füllen Sie den Kopf fest mit Watte und beenden Sie die Unterseite.

**3** Fädeln Sie den Schnabel anhand der Skizze. Bringen Sie ihn dann an die mit a–j (rot) gekennzeichneten Perlen an, die Sie auf der Orientierungsskizze finden.

**4** Suchen Sie die Startpunkte a–l (lila) für den Körper und fädeln Sie den Körper anhand der Skizze an den Kopf. Nach Kreis 68 mit Watte ausstopfen und dann beenden.

Schnabel

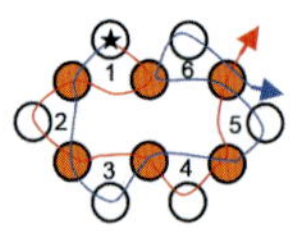

Schnabelspitze

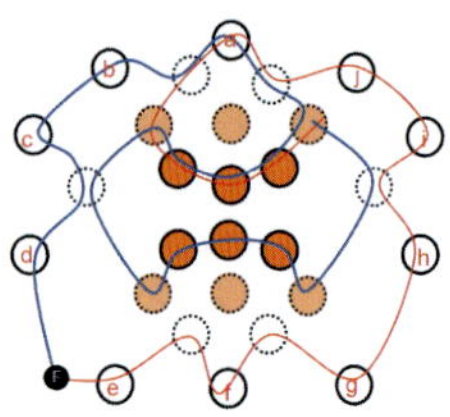

**5** Fädeln Sie die Flügel, wie auf der Skizze gezeigt, und bringen Sie sie an den Perlen Y des Körpers an.

**6** Fädeln Sie zwei Füße anhand der Skizze. Die Fadenenden nicht abschneiden, sie werden zum Befestigen benötigt. Bringen Sie die Füße rechts und links an den mit X gekennzeichneten Körperperlen an.

**7** Nun fehlt nur noch das Schwänzchen. Dieses fädeln Sie nach Skizze direkt an die Kreise 55, 67 und 68 des Körpers. Schon kann der kleine Pinguin loswatscheln!

Füße

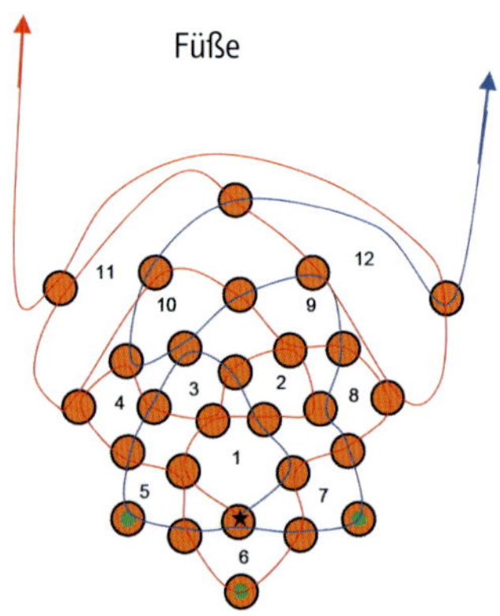

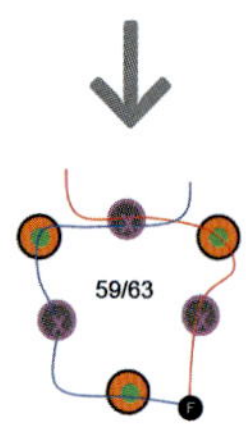

Anbringung an den Körper

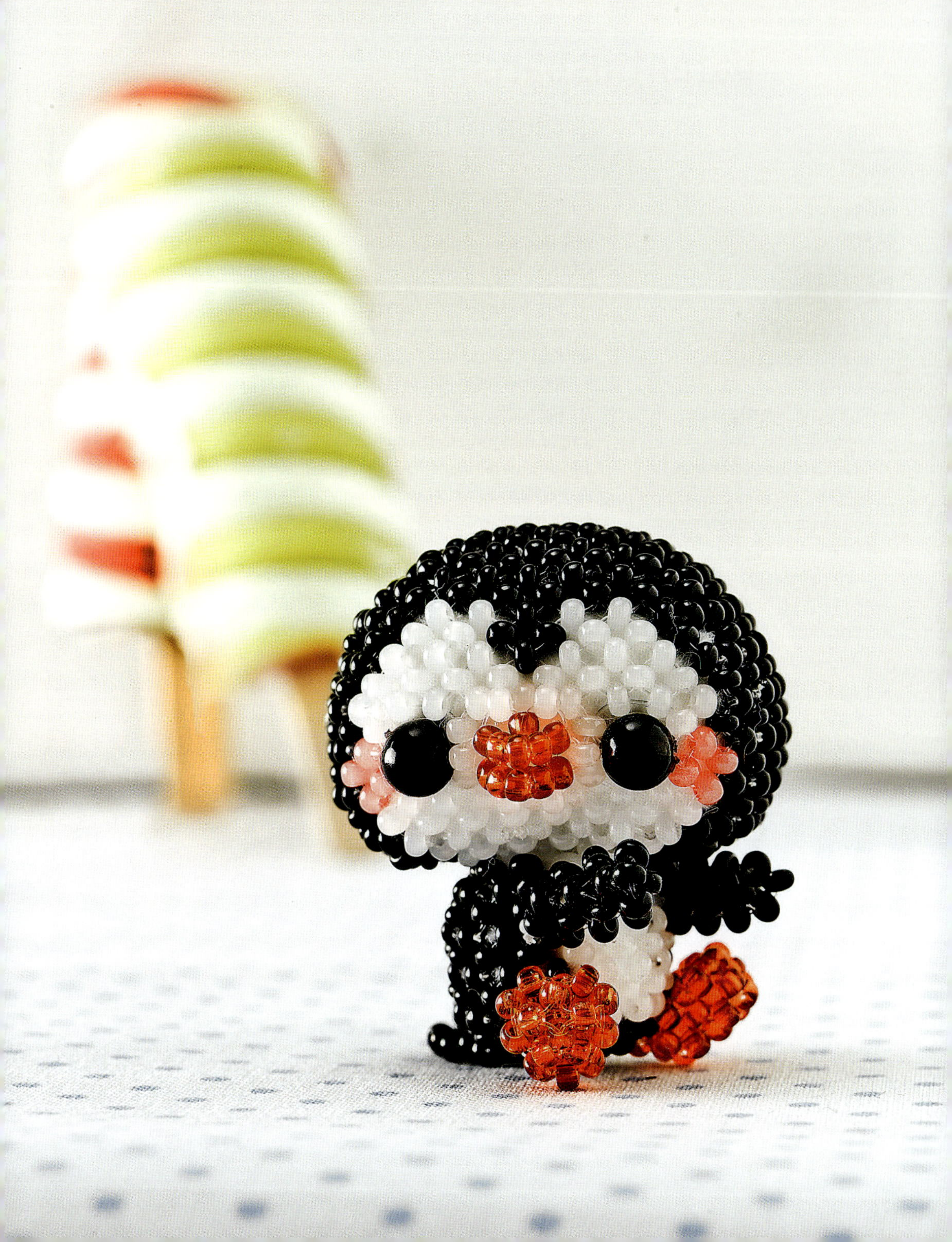

# Valentinsbärchen

## schenkt Dir sein Herz

**MOTIVHÖHE**
ca. 4 cm

**MATERIAL**
**FÜR DAS BÄRCHEN**

- Rocailles in Rehbraun, ø 2,6 mm
- Rocailles in Rosa alabaster, ø 2,6 mm
- Rocailles in Beige perlmutt, ø 2,6 mm
- Rocailles in Grün transparent, ø 2,6 mm
- Rocailles in Gelb transparent, ø 2,6 mm
- 11 Delica Beads in Schwarz matt, ø 2 mm
- 5 Wachsperlen in Braun, ø 4 mm
- 2 Wachsperlen in Rot, ø 4 mm
- 2 Wachsperlen in Schwarz opak, ø 6 mm
- Nylonfaden, ø 0,25 mm, ca. 280 cm (Kopf), 160 cm (Körper), 5 x 30 cm (Vorder- und Hinterbeine, Schwanz) und 2 x 25 cm (Ohren) lang
- Watte zum Füllen

**FÜR DAS HERZ**

- Rocailles in Karminrot, ø 2,6 mm
- Nylonfaden, ø 0,25 mm, 2 cm und 2 x 40 cm lang (zum Vernähen der Hälften)
- Watte zum Füllen

**FÄDELSKIZZEN**
Skizzenheft Seite 20/21

**1** Beginnen Sie mit dem Kopf des Bärchens, den Sie nach der Fädelskizze bis Kreis 199 fädeln.

**2** Den Kopf mit der Kopfunterseite verschließen. Diese bis Kreis 16 fädeln, den Kopf mit Watte füllen und die Unterseite beenden.

**3** Die Schnauze direkt an die Perlen a–l (rot) des Kopfes fädeln. Füllen Sie die Schnauze mit Watte, bevor Sie sie mit der Nase laut Skizze verschließen. Anschließend noch das Mäulchen anhand der Skizze fädeln. Das Mäulchen liegt eng an der Schnauze an, ist jedoch – außer an den Enden und in der Mitte – nicht mit der Schnauze verbunden.

**4** Die Ohren an den auf der Ohrenskizze angegeben Kopfkreisen anfädeln. Außerdem die Kirsche fädeln und, wie auf der Skizze gezeigt, neben dem linken Ohr anbringen.

**5** Die Startpunkte für den Körper sind die Kopfperlen a–l (lila). Anhand der Skizze den Körper bis Kreis 68 fädeln, dann fest mit Watte füllen und anschließend fertigstellen.

**6** Fädeln Sie anhand der Skizze die Vorder- und Hinterbeine und befestigen Sie sie mit den Fadenenden rechts und links am Körper, davon je ein Mal seitenverkehrt.

**7** Nun noch anhand der Skizze eine kleine Kugel als Schwanz fädeln. Bringen Sie die Kugel an die Perlen Z des Körpers an (Kreis 53).

## Herz

**1** Fädeln Sie das Herz zwei Mal im Zickzack anhand der Skizze.

**2** Legen Sie dann die beiden Herzen übereinander und verbinden Sie sie mit dem Verbindungsstück. Orientieren Sie sich an den gelb und hellblau markierten Perlen. Bevor Sie das Herz ganz schließen, füllen Sie es mit Watte.

**3** Befestigen Sie das Herz mit etwas Nylonfaden in den Händen des Bärchens, wie es Ihnen am besten gefällt.

**Mein Tipp für Sie**

**Mutterglück** Das herzige Bärchen ist auch zum Muttertag eine supersüße Geschenkidee.

Herz

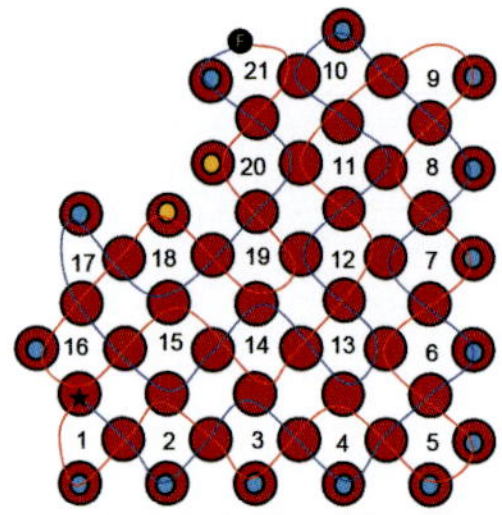

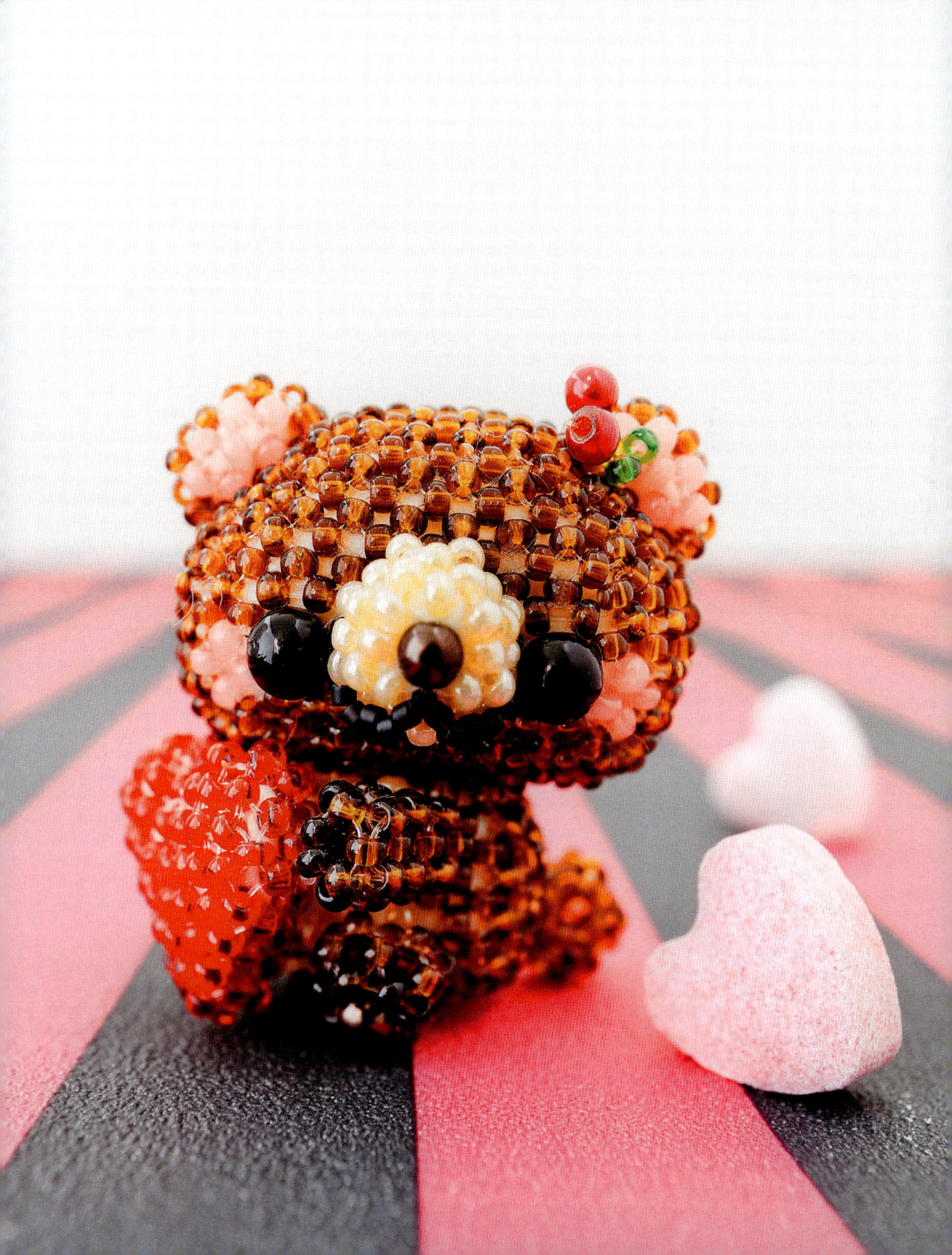

# Küken mit buntem Ei

## Fröhliche Ostern!

**MOTIVHÖHE**
ca. 4 cm

**MATERIAL**
**FÜR DAS KÜKEN**

- Rocailles in Gelb transparent, ø 2,6 mm
- Rocailles in Karminrot transparent, ø 2,6 mm
- Rocailles in Orange transparent, ø 2,6 mm
- Rocailles in Grau matt transparent, ø 2,6 mm
- Rocailles in Rosa alabaster, ø 2,6 mm
- 2 Wachsperlen in Schwarz opak, ø 6 mm
- Nylonfaden, ø 0,25 mm, ca. 280 cm (Kopf), 160 cm (Körper), 2 x 40 cm (Flügel) und 30 cm (Schwanz) lang
- Watte zum Füllen

**FÜR DAS OSTEREI**

- Rocailles in Blau soft, ø 2,6 mm
- Rocailles in Lila soft, ø 2,6 mm
- Rocailles in Rosa soft, ø2,6 mm
- 20 Wachsperlen in Lila, ø 4 mm

**FÄDELSKIZZEN**
Skizzenheft Seite 14/15

**1** Beginnen Sie mit dem Küken. Fädeln Sie zunächst den Kopf anhand der Skizze bis Schritt 199.

**2** Verschließen Sie den Kopf mit der Kopfunterseite. Nach Schritt 16 den Kopf fest mit Watte füllen, dann die Unterseite fertigstellen.

**3** Nun bekommt das Küken seinen Schnabel. Dieser wird direkt an den Kopf, an die Punkte a–j (rot), gefädelt. Dazu noch die Kehllappen nach Skizze anbringen.

**4** Auch der Hahnenkamm wird direkt an den Kopf gefädelt. Orientieren Sie sich für die Positionierung an der Fädelskizze.

**5** Finden Sie am Kopf die Startpunkte a–l (lila) für den Körper. Den Körper bis Kreis 68 anhand der Skizze fädeln, dann mit Watte ausstopfen und beenden.

**6** Fädeln Sie dann zwei Flügel entsprechend der Skizzen und bringen Sie sie an die vorgesehenen Perlen Y des Körpers an.

**7** Fädeln Sie die Füße zwei Mal anhand der Skizze und bringen Sie sie mit den Fadenenden rechts und links am Körper an. Anschließend die Krallen nach Skizze anfädeln, dabei bei der linken Perle von FußKreis 1 starten.

**8** Nun noch den Schwanz anhand der Skizze arbeiten. Er wird direkt an den Körper angefädelt.

**9** Als krönenden Abschluss fädeln Sie das Osterei anhand der Skizze. Bevor Sie es verschließen, füllen Sie es mit etwas Watte. Dann bringen Sie es, wie es Ihnen am besten gefällt, mit etwas Nylonfaden zwischen den Flügeln an.

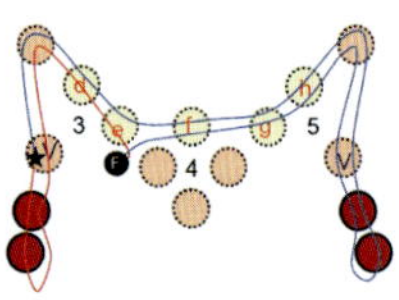

Kehllappen

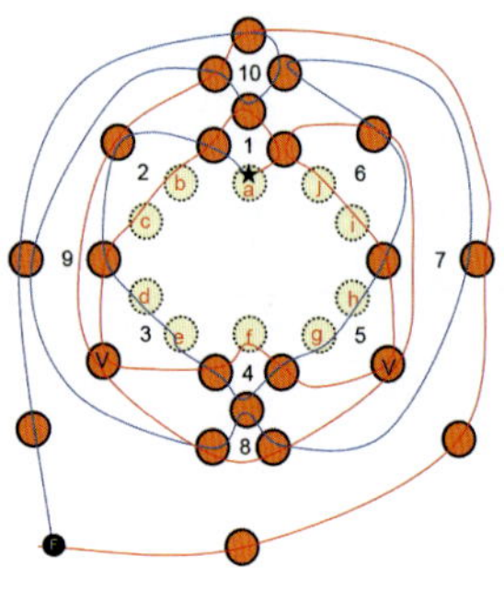

Schnabel

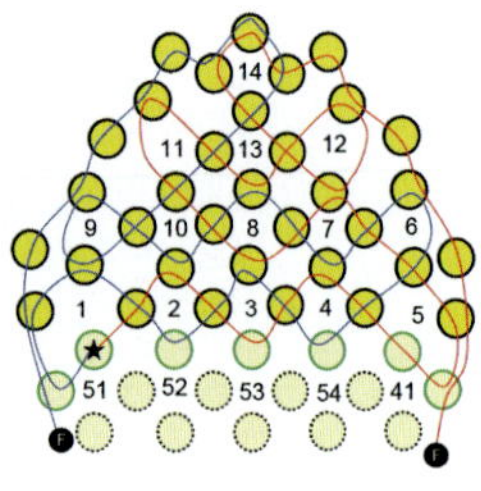

Schwanz

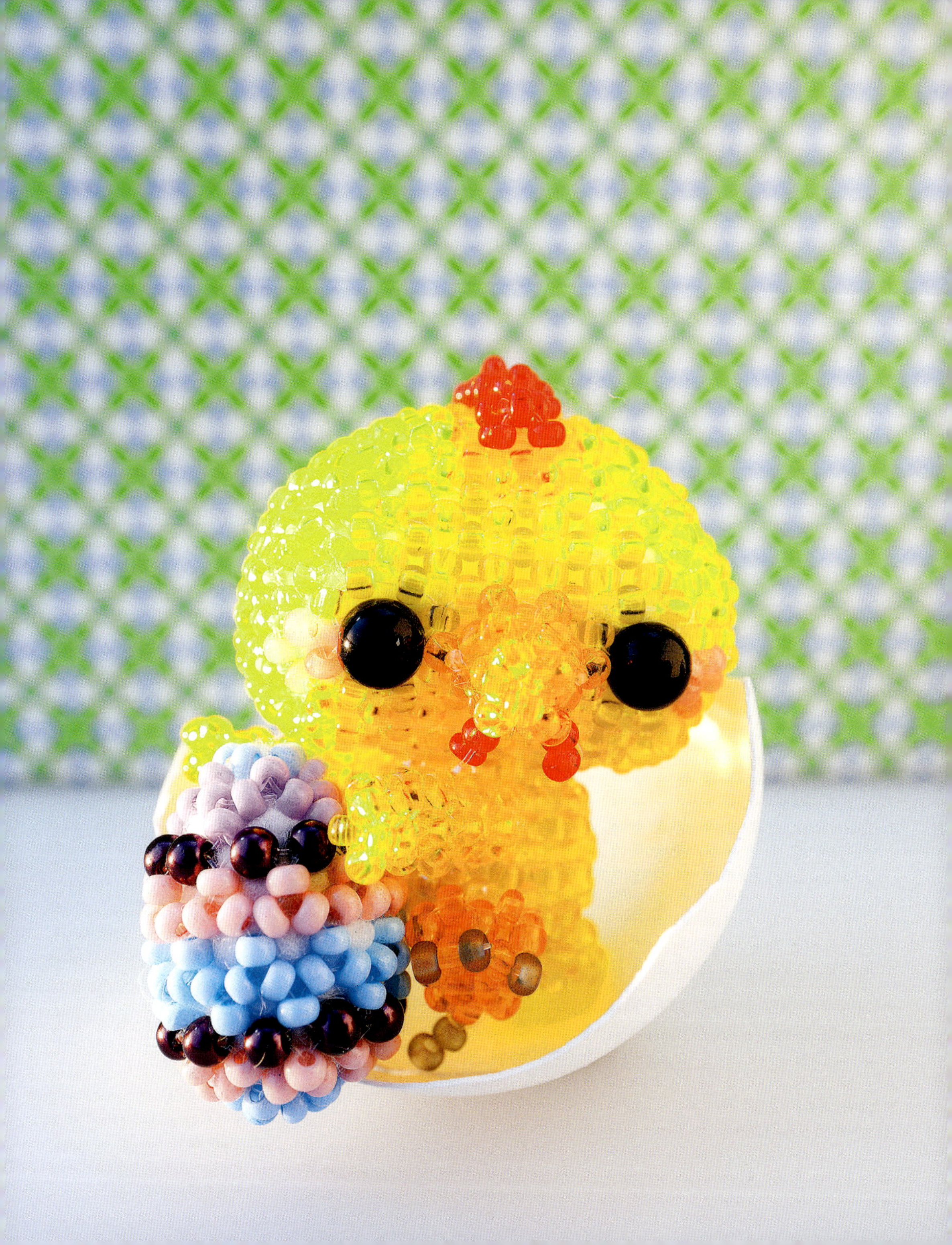

# Weihnachtshasi

Wer hat behauptet, Hasen könnten nur Ostern?

**MOTIVHÖHE**
ca. 5,5 cm

**MATERIAL**
**FÜR DAS HÄSCHEN MIT MÜTZE**

- Rocailles in Apricot transparent, ø 2,6 mm
- Rocailles in Rosa alabaster, ø 2,6 mm
- Rocailles in Weiß alabaster, ø 2,6 mm
- Rocailles in Karminrot transparent, ø 2,6 mm
- Rocailles in Grün transparent, ø 2,6 mm
- 11 Delica Beads in Schwarz matt, ø 2 mm
- 5 Wachsperlen in Rosa, ø 4 mm
- 2 Wachsperlen in Rot, ø 4 mm
- 2 Wachsperlen in Schwarz opak, ø 6 mm
- Wachsperle in Weiß, ø 4 mm
- Nylonfaden, ø 0,25 mm, ca. 280 cm (Kopf), 160 cm (Körper), 100 cm (Mütze), 40 cm (Ohr) und 5 x 30 cm (Vorder- und Hinterbeine, Schwanz) lang
- Watte zum Füllen

**FÜR DIE ZUCKERSTANGE**

- Rocailles in Karminrot, ø 2,6 mm
- Rocailles in Weiß perlmutt, ø 2,6 mm
- Rocailles in Weiß perlmutt, ø 2 mm
- Nylonfaden, ø 0,25 mm, ca. 100 cm lang

**FÄDELSKIZZEN**
Skizzenheft Seite 22/23

## Häschen mit Mütze

**1** Fädeln Sie den Kopf des Häschens anhand der Skizze bis Kreis 199.

**2** Arbeiten Sie nun die Kopfunterseite, um den Kopf zu schließen. Fädeln Sie bis Kreis 16, stopfen Sie den Kopf fest mit Watte aus und beenden Sie die Unterseite.

**3** Die Schnauze direkt an die Perlen a–l (rot) anfädeln. Die Schnauze laut Skizze mit der Nase verschließen; zuvor mit etwas Watte füllen. Dann noch das Mäulchen anbringen, wie auf der Skizze gezeigt. Das Mäulchen liegt eng an der Schnauze an, es ist jedoch – außer an den Enden und in der Mitte – nicht mit der Schnauze verbunden.

**4** Ein Hasenohr ist optisch wie eine Zuckerstange gestaltet. Fädeln Sie dieses Ohr direkt an die Kreise 17 und 35 des Kopfes. Fädeln Sie außerdem die Kirsche, die Sie an Kreis 13 des Zuckerstangenohrs befestigen (siehe Foto).

**5** Finden Sie die Startpunkte a–l (lila) für den Körper und fädeln Sie den Körper direkt daran an. Arbeiten Sie bis Kreis 68, dann den Körper mit Watte ausstopfen und zu Ende fädeln.

**6** Anhand der Skizze die Vorder- und Hinterbeine je zwei Mal fädeln und mit den Fadenenden rechts und links am Körper befestigen, davon je ein Mal seitenverkehrt.

**7** Den Schwanz als Kugel nach der Skizze fädeln und an den Perlen Z des Körpers befestigen.

**8** Fädeln Sie die Mütze anhand der Skizze an die grün markierten Kopfperlen an. Stopfen Sie nach dem ersten Teil der Mütze ein wenig Watte in den entstandenen Hohlraum. Den zweiten Teil der Mütze an die Perlen a–c fädeln. Bei den Perlen X handelt es sich um ein und dieselbe Perle. Durch diese zum Schluss die Fäden zusammenführen und festziehen, sodass als Mützenspitze ein ViererKreis entsteht (gelb markierte Perlen). An diesem ViererKreis dann noch laut Skizze den Bommel befestigen.

## Zuckerstange

**1** Fädeln Sie die Zuckerstange anhand der Skizze. Achten Sie darauf, dass hier auch kleinere weiße Perlen, ø 2 mm, eingearbeitet werden.

**2** Führen Sie nun den Faden durch die Perlen mit ø 2 mm zurück und vernähen Sie ihn. Durch das Festziehen entsteht die Krümmung. Bringen Sie die fertige Zuckerstange mit etwas Nylonfaden zwischen den Pfoten des Häschens an.

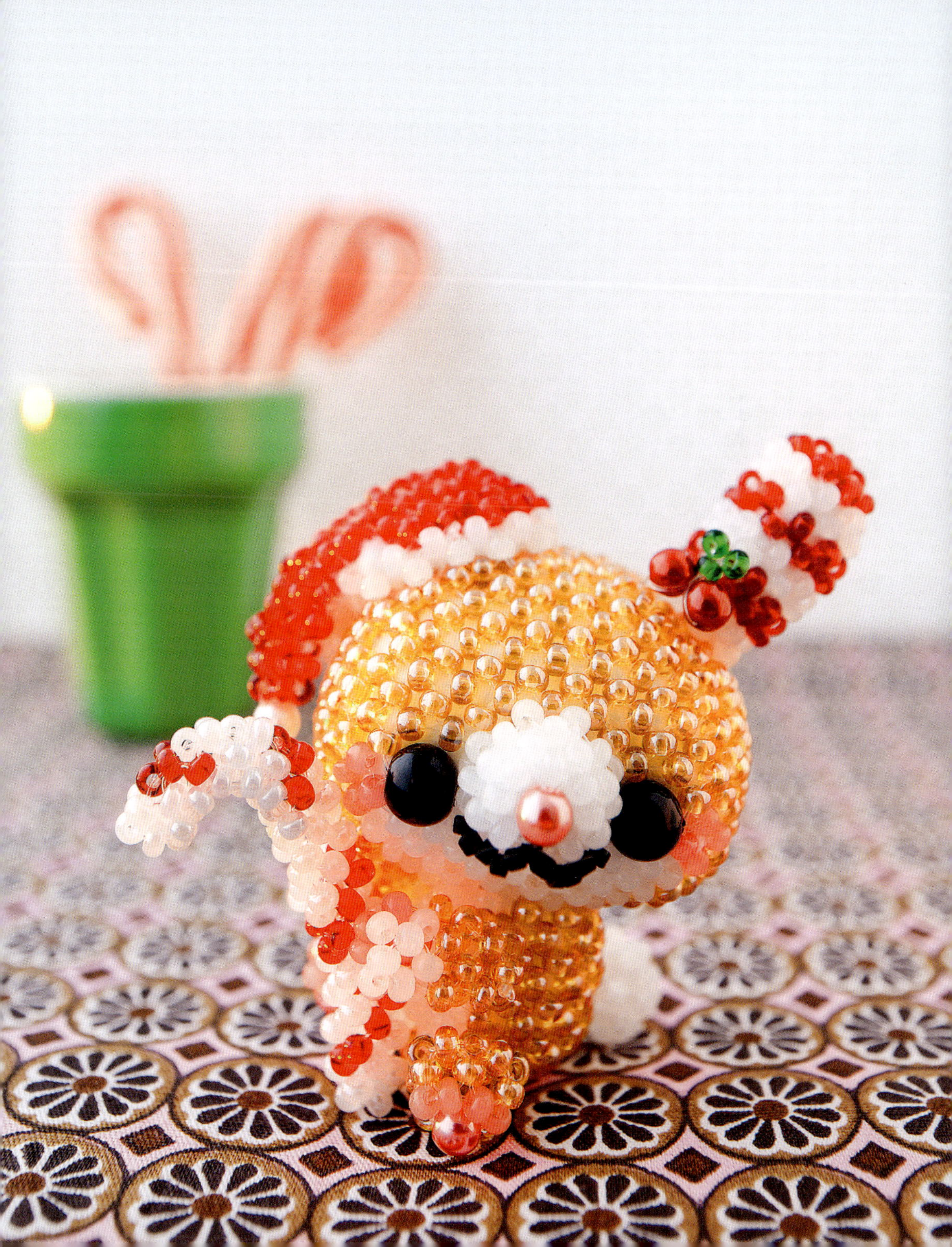

# Glücksschweinchen

## Für ein frohes neues Jahr!

**MOTIVHÖHE**
ca. 4,7 cm

**MATERIAL**
**FÜR DAS SCHWEINCHEN**

- Rocailles in Rosa perlmutt, ø 2,6 mm
- Rocailles in Pink transparent, ø 2,6 mm
- Rocailles in Rosa alabaster, ø 2,6 mm
- Rocailles in Schwarz opak, ø 2,6 mm
- Rocailles in Grün transparent, ø 2,6 mm
- Rocailles in Gelb transparent, ø 2,6 mm
- 2 Wachsperlen in Rot, ø 4 mm
- 2 Wachsperlen in Schwarz opak, ø 6 mm
- Nylonfaden, ø 0,25 mm, ca. 280 cm (Kopf), 160 cm (Körper), 2 x 50 cm (Ohren) und 5 x 30 cm (Vorder- und Hinterbeine, Schwanz) lang
- Watte zum Füllen

**FÜR DAS HUFEISEN MIT KLEEBLATT**

- Rocailles in Grau mit Silbereinzug, ø 2,6 mm
- Rocailles in Grün transparent, ø 2,6 mm
- Nylonfaden, ø 0,25 mm, ca. 60 cm (Hufeisen) und 20 cm (Kleeblatt) lang

**FÄDELSKIZZEN**
Skizzenheft Seite 17/18

1 Fädeln Sie zunächst den Kopf des Schweinchens anhand der Skizze bis Kreis 199.

2 Fädeln Sie dann die Kopfunterseite, die den Kopf verschließt. Arbeiten Sie bis Kreis 16, füllen Sie den Kopf mit Watte und beenden Sie die Unterseite.

3 Die Nase nun an die Perlen a–j (rot) anhand der entsprechenden Skizze anfädeln. Anschließend noch mit schwarzen Perlen die Nasenlöcher anbringen und die Nase verschließen.

4 Zwei Ohren anhand der Skizze direkt an den Kopf anfädeln. Fädeln Sie außerdem die Kirsche und bringen Sie sie an der vordersten Perle von Kreis 35 des linken Ohres an.

5 Den Körper an die Startpunkte a–l (lila) des Kopfes anfädeln. Arbeiten Sie bis Kreis 68, füllen Sie den Körper mit Watte und schließen Sie ihn ab.

6 Die Vorder- und Hinterbeine anhand der Skizzen fädeln. Dann die Beine mit den Fadenenden rechts und links am Körper befestigen, davon je ein Mal seitenverkehrt.

7 Der Schwanz ist ein mit Messingdraht gefädelter Perlenstab, den Sie anhand der Skizze anfertigen. Bringen Sie ihn am Kreis 68 des Körpers an und biegen Sie ihn zum Ringelschwänzchen.

### Hufeisen mit Kleeblatt

1 Fädeln Sie das Hufeisen anhand der Skizze, zuerst die Hauptform, dann die obere Naht. Führen Sie zum Schluss den Faden einmal der Länge nach zurück und vernähen und verschweißen Sie ihn. Das Kleeblatt ebenfalls nach Skizze fertigen, dann an der Vorderseite des Hufeisens anbringen.

2 Befestigen Sie das Hufeisen nun noch mit etwas Nylonfaden zwischen den Pfoten des Schweinchens, wie auf dem Foto zu sehen.

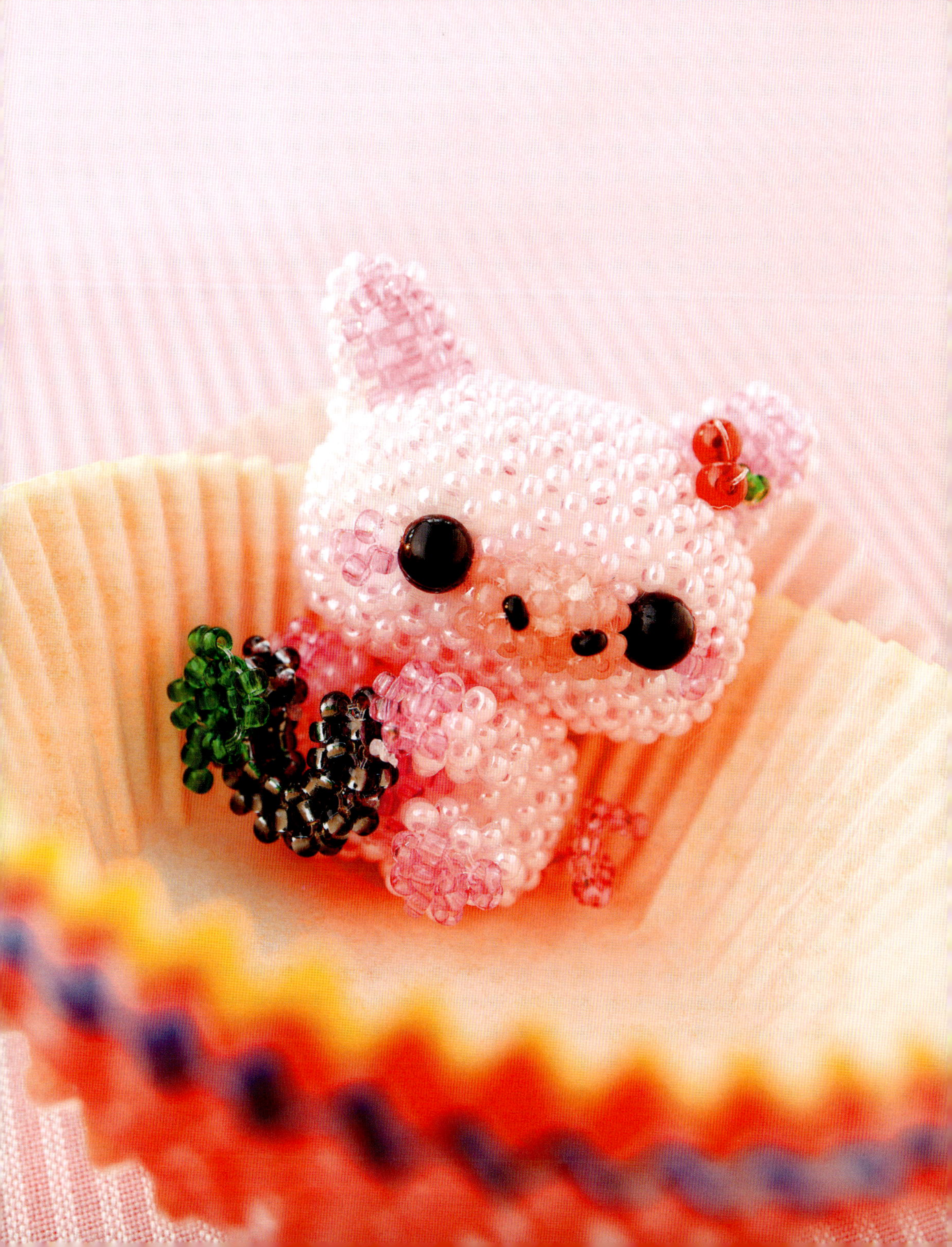

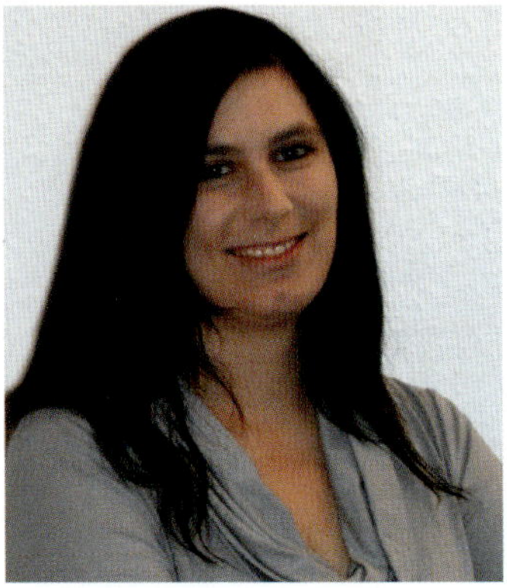

**Nicole Nitzsche** wurde 1987 in Dresden geboren und bastelt seit ihrem 12. Lebensjahr mit Perlen. Als sie 2012 die mit Watte gefüllten Perlenfiguren im japanischen Kawaii-Stil entdeckte, war sie sofort Feuer und Flamme. Schon bald fädelte sie eigene Figuren – die Geburtsstunde der Perlen-Sweeties. Für dieses Buch hat sie 15 niedliche, neue Figuren entworfen und sich mit der Veröffentlichung der Anleitungen als Buch einen großen Traum erfüllt.

## DANKE

Vielen Dank an meine Familie und meine Freunde für die Unterstützung und den positiven Zuspruch aber auch eure ehrliche Kritik! Außerdem möchte ich mich auch bei Astrid bedanken, ohne dich würde es das Buch nicht geben.
Ein großes Dankeschön geht auch an Daniel, der mir tatkräftig bei den Schrittfotos geholfen hat. Mein besonderer Dank gilt den Firmen Rayher, Laupheim, Efco, Rohrbach, und Pracht, Kaufbeuren, für die großzügige Unterstützung mit Material. Vielen Dank.
Zu guter Letzt an den frechverlag, der mir es ermöglicht hat, dieses Buch zu verwirklichen.

## TOPP – Unsere Servicegarantie

WIR SIND FÜR SIE DA! Bei Fragen zu unserem umfangreichen Programm oder Anregungen freuen wir uns über Ihren Anruf oder Ihre Post. Loben Sie uns, aber scheuen Sie sich auch nicht, Ihre Kritik mitzuteilen – sie hilft uns, ständig besser zu werden.

Bei Fragen zu einzelnen Materialien oder Techniken wenden Sie sich bitte an unseren Kreativservice, Frau Erika Noll.
mail@kreativ-service.info
Telefon 0711 / 123 757 20

Das Produktmanagement erreichen Sie unter:
pm@frechverlag.de
oder:
frechverlag
Produktmanagement
Dieselstraße 5
70839 Gerlingen
Telefon 07 11 / 8 30 86 68

LERNEN SIE UNS BESSER KENNEN! Fragen Sie Ihren Hobbyfach- oder Buchhändler nach unserem kostenlosen Magazin **Meine kreative Welt**. Darin entdecken Sie zweimal im Jahr die neuesten Kreativtrends und interessantesten Buchneuheiten.

Oder besuchen Sie uns im Internet! Unter **www.topp-kreativ.de** können Sie sich über unser umfangreiches Buchprogramm informieren, unsere Autoren kennenlernen sowie aktuelle Highlights und neue Kreativtechniken entdecken, kurz – die ganze Welt der Kreativität.

Kreativ immer up to date sind Sie mit unserem monatlichen **Newsletter** mit den aktuellsten News aus dem frechverlag, Gratis-Bastelanleitungen und attraktiven Gewinnspielen.

## IMPRESSUM

MODELLE: Nicole Nitzsche
FOTOS: frechverlag GmbH, 70839 Gerlingen; Daniel Brauer (Schrittfotos), lichtpunkt, Michael Ruder, Stuttgart (alle übrigen Fotos)
PRODUKTMANAGEMENT: Beeke Heller, Jana Hartling
LEKTORAT: Beeke Heller, Alice Hörnecke, Jana Hartling
DRUCK: Tiskárna Grafico s.r.o., Tschechische Republik



Überarbeitete Neuauflage von 978-3-7724-4090-8

5. Auflage 2026

produktsicherheit@frechverlag.de

ISBN: 978-3-7724-4595-8 Best.-Nr. 4595

MIX
Paper | Supporting responsible forestry
FSC® C187910

Penguin Random House Verlagsgruppe FSC® N001967